シリーズ【実像に迫る】014

上杉謙信

石渡洋平
ishiwata yohei

戎光祥出版

はしがき

無敵の戦国武将、義に厚い人物、武田信玄《たけだしんげん》との一騎打ち、敵に塩を送る、実は女性だった——上杉謙信《うえすぎけんしん》と聞くと、読者のなかには、これらの人物像やエピソードが頭に浮かぶ人も多いのではないだろうか。

上杉謙信は、戦国大名のなかでも織田信長《おだのぶなが》や伊達政宗《だてまさむね》、武田信玄などと並んで、もっとも著名な存在だろう。謙信は、越後春日山《かすがやま》城（新潟県上越市）を本拠に、越後国内のみならず、関東・信濃・畿内・北陸といった広範囲で活躍したことや、先に示した「イメージ」も相まって、研究の面でも取り上げられることが多かった。また、数多くの映画・ドラマ・雑誌・小説などでも取り上げられてきた。

このように、多くの研究成果が出されてはいるが、はたして謙信の実像はどのようなものだったのだろうか。江戸時代の軍記物《ぐんきもの》に描かれた姿と、近年の研究により明らかになりつつある姿は、いまだに入り交じっているというのが現状といっても、言いすぎではないだろう。謙信の実像の解明は、今後に残された大きな課題といえる。

本書では、これら先行研究に拠りながら、最新の謙信像を提示したい。とりわけ、謙信の人物像に迫りたいと考えている。その点こそが、謙信の「イメージ」を解き明かしていくうえで、鍵になると考えるからである。

ここまで、謙信と呼称してきたが、謙信は景虎《かげとら》→宗心《そうしん》→景虎→政虎《まさとら》→輝虎《てるとら》→謙信と、生涯にわたり、何度も改名している。本によっては、煩雑さを防ぐために「謙信」に統一することもあるが、本書では謙信の意識を探るうえで改名も重要な要素と考えているので、あえて統一はしない。読者のなかにはわかりにくいという方もいるかもしれないが、時系列で記述をすることでご容赦願いたい。

本書では、江戸時代の軍記物ではなく、謙信の書状など、できるだけ当時の史料にもとづきながら、実態を解き明かしていきたい。そのなかで、謙信自身のみならず、家臣や「国衆《くにしゅう》」、寺社との関係に力点を置きたいと考えている。謙信は一人の人間というだけでなく、戦国大名として自らの家中と領国を持つ存在でもあったからである。個人の思想以上に、領国の頂点に立つ戦国大名という側面から、謙信の行動は考えなければならないだろう。

謙信の実像とは……。そろそろこの問題に迫っていくことにしよう。

二〇一七年十一月

石渡洋平

❖シリーズ【実像に迫る】014 上杉謙信

目次

謙信ゆかりの宝物

▼兜の前立■兜の前部に付ける飾りで、謙信が信仰した軍神・飯綱権現の像である。像は左手に索（縄・綱のこと）、右手に剣を持ち、疾駆する霊狐の上に立っている。飯綱権現は青銅製、霊狐は真鍮（銅と亜鉛の合金）製である　長岡市指定文化財　新潟県長岡市・常安寺蔵　写真提供：長岡市立科学博物館

▶短刀無銘（伝　瓜実安則）■謙信は天文 22 年の上洛で後奈良天皇から剣を賜ったが、それが豊後瓜実御剣といわれている（『上越市史』）14 世紀の製作といわれ、長さ 28.8㎝、反り 0.4㎝　個人蔵　写真提供：米沢市上杉博物館

◀旗「毘」■謙信が深く信仰した毘沙門天の一字を取った旗で、毘の文字は白平絹に楷書体で力強く墨書されている。上杉軍の象徴となり、出陣の際は一番手の旗であった。大きさは 114㎝× 240.5㎝である　個人蔵　写真提供：米沢市上杉博物館

▼旗「龍」■上杉軍が総攻撃をする時のみ本陣に立てられたという。「龍」の一字を白平絹に草書体で墨書している。通称は「懸り乱れの龍」の旗。大きさは 184㎝× 151㎝である　個人蔵　写真提供：米沢市上杉博物館

▼金剛界曼荼羅■山形県米沢市・法音寺蔵

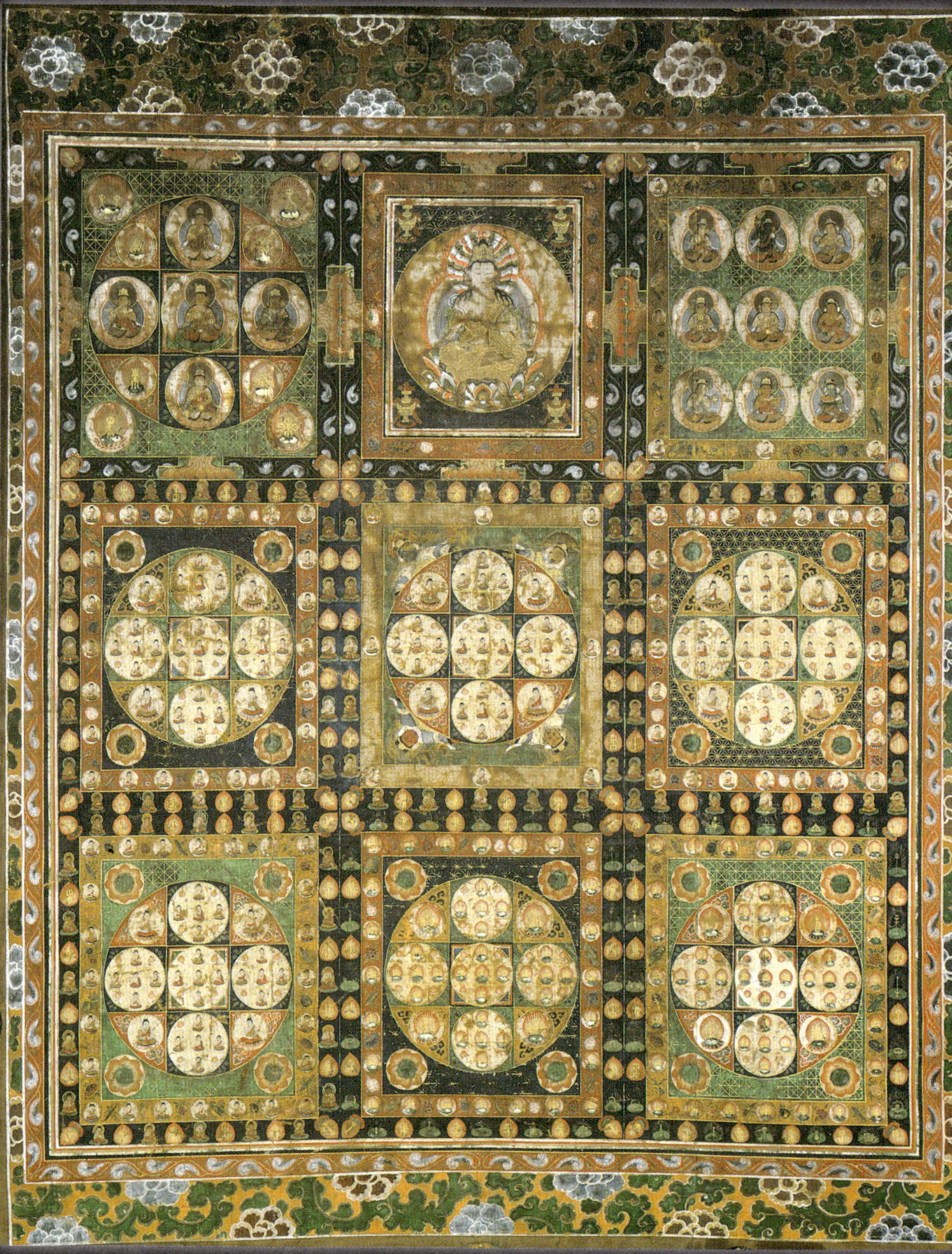

▲胎蔵界曼荼羅■謙信が天正２年（1574）に高野山無量光院の清胤法印を越後に迎え、伝法灌頂を受けて法印大和尚になるときに使用されたという。製作年代は室町時代といわれている。胎蔵界曼荼羅と金剛界曼荼羅の２種で両界曼荼羅という。真言密教で説く大日如来の悟りの境地を図画したものである。真言宗ではもっとも尊ぶ礼拝対象物の一つであり、本尊の両側に掛けたり、重要な法要のときにはその場に掛けて用いたりする。
　両界曼荼羅を所蔵する法音寺は山号を八海山といい、真言宗豊山派である。上杉景勝の逝去の際、法音寺住職・能海僧正が葬儀の導師を務めて以降、歴代藩主の葬儀は同寺の住職が導師を務めたことから、上杉家歴代藩主の菩提寺になった　山形県米沢市・法音寺蔵

▶刀八毘沙門天掛幅画■刀を八本持った毘沙門天の仏画である。上杉軍は「毘」・「龍」のほか、「刀八毘沙門天」の文字も旗に使用した　山形県米沢市・法音寺蔵

▼泥足毘沙門天尊■謙信の居城・春日山城本丸北側にあった毘沙門堂の本尊で、謙信がもっとも崇拝した御守本尊である。あるとき、夜を徹して祈願し、朝になると護摩壇の上から外に向かって毘沙門天の足跡が残っており、謙信の戦陣にまで出向かれて加勢されたということで、「泥足毘沙門天」と尊称されている　山形県米沢市・法音寺蔵

▶菅谷不動尊■謙信は諸仏への敬信がきわめて篤く、菅谷不動尊にも深く帰依したといわれている　山形県米沢市・法音寺蔵

第一部　若き日の苦難と挑戦

若くして父を失い、兄と家督を争うという前途多難な船出。将軍の権威で国主への歩みを進めるも、なかなか従わない家臣たち。そしてあらわれた、ライバル・武田信玄。今、景虎の挑戦がはじまる。

▲上杉謙信画像■絹本金泥彩色の謙信像。頭巾・大鎧を身にまとい、右手には赤色の采配を、左手には太刀を携え、床几に座っている。大鎧には足利氏が使用した桐紋があしらわれている　個人蔵

第一章　越後国主への道

■景虎の誕生■

享禄三年（一五三〇）正月二十一日、越後国府《こくふ》（新潟県上越市）において、越後守護代長尾為景《ながおためかげ》に二番目の男子が生まれた。幼名を虎千代《とらちよ》と呼ばれたこの男子こそ、のちの長尾景虎である。景虎の母は、古志《こし》長尾氏の長尾房景《ふさかげ》の娘とする説など諸説あるが、はっきりしていない。

景虎は為景の二男であり、三歳上の兄・晴景《はるかげ》がいた。また、姉（仙洞院《せんとういん》）と、長幼は不明だが、姉妹が少なくとも二人いた。晴景は、景虎の誕生時には、為景の家督を継承することが決まっており、景虎は長尾家の当主になる予定はなかった。こうしたこともあって、景虎は七歳のときに、林泉寺《りんせんじ》（新潟県上越市）に預けられた。林泉寺は、景虎の祖父能景《よしかげ》が上野白井《しろい》の双林寺《そうりんじ》（雙林寺、群馬県渋川市）の曇英恵《どんえいえい》応《おう》を招いて、明応六年（一四九七）に創建した寺院で、長尾家の菩提寺《ぼだいじ》である。景虎が林泉寺に預けられたときの住職は、天室光育《てんしつこういく》であったが（謙信公御年譜）、この人物は、のちにも景虎に影響を与えることになる。

景虎の母親が身ごもる場面を描く「多聞天夢中に明珠を授たまふ図」■『絵本甲越軍記』は江戸時代の読本だが、当時のイメージをよく伝えている　『絵本甲越軍記』当社蔵（以下、※と略す）

■若くして父を失う■

景虎が生まれた年は、「享禄《きょうろく》・天文《てんぶん》の乱」が始まった年にあたる。この乱は、享禄三年十一月に起こった上条定憲《じょうじょうさだのり》と長尾為景の争いである。上条定憲は、越後守護上杉定実《さだざね》の実家の当主であり、室町幕府との関係を密にして家格を上昇させるなど、勢力を増しつつあった為景に不満を募らせ兵を起こした。

これまで乱は上条方優位に進み、天文五年（一五三六）四月には為景の劣勢が明らかになったとされ、為景はこれを受けて出家・隠居し、晴景に家督を譲ったといわれてきた。これは、上条方優位のなかで守護上杉定実による調停がなされた結果、為景の隠居が講和条件となったからだという。ただし、為景は隠居後もなお力を持ち続けていたようだ。

為景の隠居は、結局のところ乱収拾の決め手にはならず、その後も争いは継続していく。為景が争ったのは、越後長尾氏の一族で、上田荘（新潟県南魚沼市）を本拠にしていた上田長尾房長《ふさなが》であった。この争いは、晴景を守護代に据えつつ政権の実権保持を図ろうとする為景と、上条氏に加担して、武力の優位性を背景に越後の実質的な政権の座につこうとする長尾房長の抗争といわれてきた（長谷川一九九五）。

これに対し、関連文書が見直され、乱はむしろ為景優位に進んでおり、敵である

父・為景の活躍を描く「長尾為景府内城合戦の図」■享禄・天文の乱は単なる定憲と為景の個人的な争いにとどまらず、揚北の領主を中心に越後一国を巻き込むような大規模な抗争に発展した『絵本甲越軍記』※

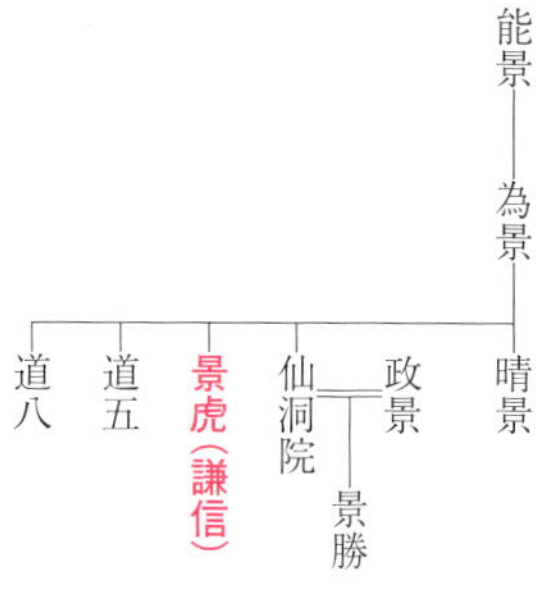

系図１　長尾氏略系図

上条定憲が天文五年四月二十三日に死去している（高野山清浄心院所蔵*『越後過去名簿』）ことが明らかにされた（前嶋二〇一五ａ）。

さらに、八月三日付けの為景から晴景に対する家督の譲渡を伝えるとされる文書（上杉家文書）についても再検討された。この文書は、上条方との講和の条件が為景の出家・隠居、晴景への家督譲渡と考えられてきたため、今までは、天文五年に作成されたといわれることが多かった。

そうしたところ、家督譲渡を伝えるこの文書は、晴景が為景に要求した結果、天文九年に作成されたという新しい説が出された。この頃、越後守護上杉氏と長尾氏の間で、子のいない守護定実に陸奥の伊達稙宗《たねむね》の子を養子として迎えようという動きがあり、そのなかで、推進派の為景に対し、晴景が反発したということである。両者の対立の結果、為景を否定した晴景が長尾家当主となり、家督譲渡の「証明」として先の八月三日付けの文書が作成されたという。

つまり、深刻な父子の対立の中に景虎はいたのだ。ただし、景虎は幼少ということもあり、この頃の動向は明らかにならない。しかし、晴景の対抗候補に擁立されるといった動きはみえないから、少なくとも晴景と対立してはいなかったようだ。

その後、天文十年十二月二十四日に為景が死去した（『越後過去名簿』）。家督を継

上条城■上条定憲の居城で柏崎平野の南西側、鵜川左岸の独立丘上に立地する　新潟県柏崎市　写真提供：柏崎市商業観光課

長尾為景花押

承してまもない晴景体制のなかでの為景の死は、越後国内の緊張を高めたといえる。景虎がのちに自らの半生を記した文書によれば（歴代古案五）、為景の葬儀の際、敵が近くまで迫ってきていたため、景虎は甲冑のまま参列したという。景虎が十二歳のときの出来事であり、父の死は、戦乱の高まりを告げるものであった。

＊越後過去名簿■長享から慶長までの越後の人物を対象に、一人ごとの戒名・住所・年月日を記した過去帳の写本。天文年間（一五三二～一五五五）の記事が多く、武士だけでなく民衆の存在もみえる重要な史料である。

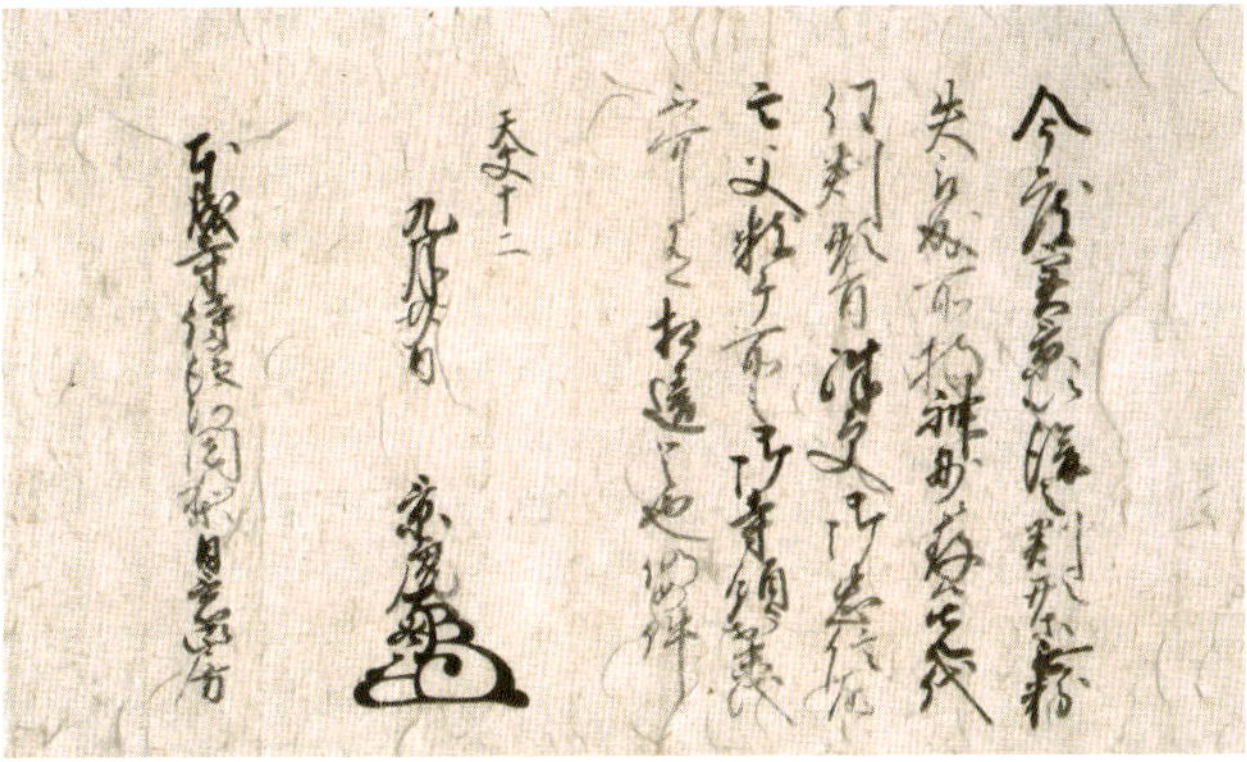
天文12年9月20日付け長尾景虎安堵状■景虎書状の初見といわれる　新潟県三条市・本成寺蔵　写真提供：新潟県立歴史博物館

■思いがけない家督継承■

為景の死後、兄・晴景の指示で、景虎は古志郡の栃尾《とちお》城（新潟県長岡市）の本条実《ほんじょうさね》乃《より》のもとへ派遣された。古志郡は、もともと長尾一族の本領であったが、近隣の領主たちが晴景の支配に反発しており、その平定を景虎が担うことになった。つまり、景虎は晴景の領国支配の一端を担うことになったわけである。

天文十六年（一五四七）には、晴景と黒《くろ》田《だ》秀忠《ひでただ》という人物との確執が表面化した（今福二〇一四）。黒田秀忠は、越後守護上

謙信の祖父能景の墓（右）と為景の墓（左）■新潟県上越市・林泉寺

図1　戦国時代の越後国勢力図（井上鋭夫『上杉謙信』、人物往来社、1966年をもとに作成）

輪島
能登
甲山（平子）
穴水
七尾（畠山）
古国府
放生津
守山
般若野
増山（神保）
五福山
新庄
富山（神保）
滑川
松倉（椎名）
魚津
泊
親不知
駒返
青海
勝山
糸魚川（村山）
早川
西浜
不動山（山本寺）
根知
越中
信濃
庄川
射水川
神通川
常願寺川
片貝川
黒部川
小川
境川
姫川
早川
能生川

栃尾城全景■新潟県長岡市　写真提供：栃尾観光協会

杉房能《ふさよし》以来の譜代家臣で、黒滝城《くろたき》（西蒲原郡弥彦村）の城主（『越後過去名簿』では、府中や春日山が拠点とある）であったが、新たに当主になった晴景とは、どうもうまくいっていなかったようである。

秀忠は長尾一族の長尾長景《ながかげ》と共謀して、晴景に対して反乱を起こした。この反乱の平定を担ったのが景虎で、安田《やすだ》長秀《ながひで》・小河長資《おがわながすけ》・村山次郎右衛門尉《むらやまじろうえもんのじょう》・桃井《もものい》ら国内の勢力を味方に付け、反乱の鎮圧にあたった。秀忠はこの争いに敗れ、出家して他国に逃れたいと景虎に伝えてきたので、許されることになった。

これによって、平定に向かっていた景虎も栃尾城に戻ったが、しばらくすると出家してまで許しを懇願した秀忠が、またもや晴景・景虎に対して反乱を起こした。このときばかりは再度許すこともなく、守護上杉定実の命によって攻め込んだ景虎軍によって、黒田たちはことごとく自害に追い込まれることになった。

なお、このときの対応の仕方などから、景虎の評価が高まったという。一方、晴

長尾晴景花押

晴景と景虎の不和の様子を描く「府内城下動乱の図」■『絵本甲越軍記』※

景は病弱だったので、国内には晴景に代わる当主として、景虎を擁立しようという動きが生まれた。晴景を推したのは上田・府内の勢力で、景虎を推したのは、古志長尾氏を中心とする中越《ちゅうえつ》の勢力であった。『北越軍記』など、江戸時代の軍記物では両勢力が天文十七年に対決したというが、戦国時代の古文書や記録類では確認できない。結果的に、守護上杉定実の仲介で、晴景と景虎の間に講和が成立し、晴景が隠居することによって、景虎が新たな当主となった。

両勢力の対決が当時の史料では確認できないとはいったものの、守護が調停をしていることからみれば、大なり小なり、両者の軍事衝突があったことは否定できないだろう。晴景から家督を譲られた景虎は春日山城に移り、天文十八年正月には、長尾家の新たな当主として歩み始めたのである。

国主になるため将軍に接触

長尾家当主となった景虎は、領国支配に取りかかった。天文十八年（一五四九）二月には瑞麟寺（長岡市）に寺領を与えて、父・為景以来の特権を安堵（証認）し（謙信公御書一）、四月には家臣の平《たいら》子《こ》孫《まご》太郎《たろう》の所領を安堵した（平子文書）。さらに、四月末には関川《せきかわ》を渡って府内に入る大橋《おおはし》（応化橋《おうげばし》）の通行掟を定めている（謙信公御書六）。このように、領国支配を進めていた景虎に対し、家督就任当初から

「越後国頸城郡絵図」に描かれた応化橋　■米沢市上杉博物館蔵

現在の応化橋（直江津橋）■当初の位置から移動しているという　新潟県上越市

越後國頸城郡春日山
長尾謙信公古城之圖
一 春日山本丸之峯高し
林泉寺山ヲ隔て正善寺
右同断
一 同南之方侍屋舗
古城峯續
一 同東白山峯
一 谷合之小川何も
山ゟ内深谷
三十六ケ村
宮尾村
愛岩村
林泉寺山
林泉寺
三輪
上杉十良
馬屋
直江山城
煙硝場
堀屋敷
不識庵
直江屋敷
千貫門
丹波
本庄入道
岩井
景勝公
御假屋
安田筑前
中島
常伏
松本
直江後室
黒金上野
堤
春日
下愛岩
侍屋敷
長池
小人町
籠門
中屋鋪

春日山古城之図■米沢市上杉博物館蔵

春日山城とその史跡

写真提供：上越市観光振興課

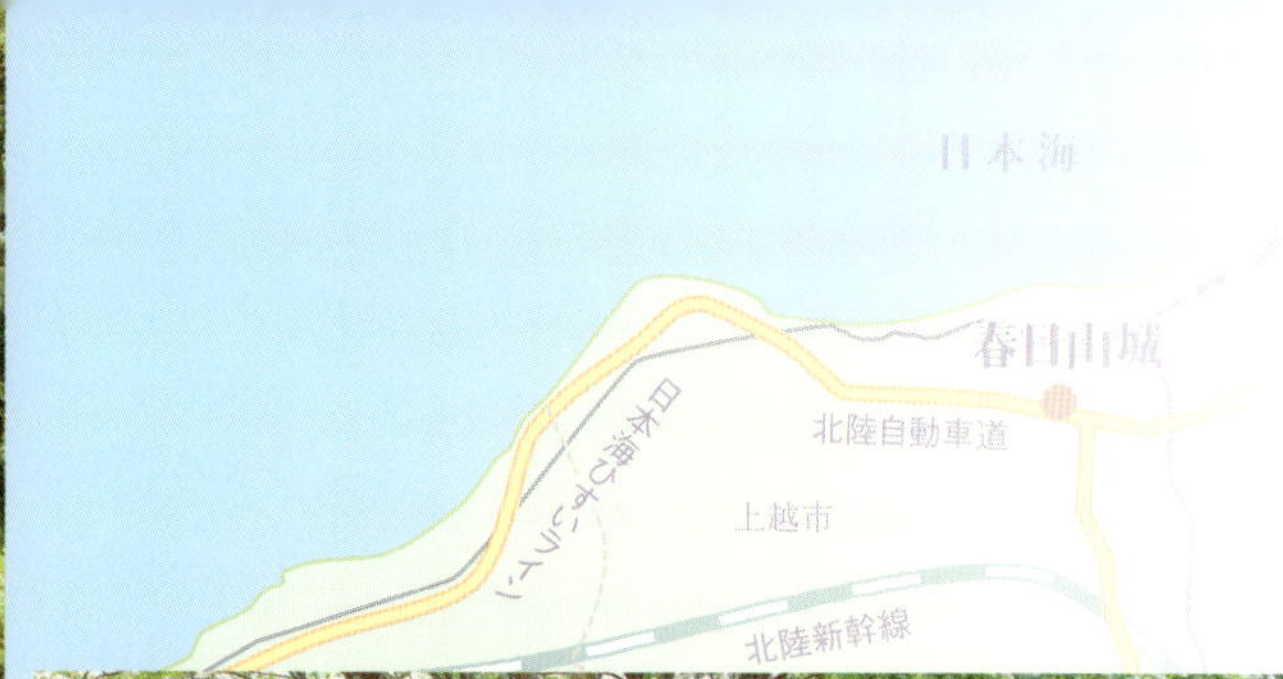

▲井戸曲輪跡■廃城後400年ほど経つが、今なお水をたたえている

▼二の丸跡■本丸の直下にあり、警固の役割を担った

▲春日山城本丸跡■かつての越後府中や日本海が見渡せる

▲毘沙門堂■謙信の信仰した毘沙門天を祀る

◀空堀跡■門から侵入した敵を沢に落とす仕組みであった

「甲越勇将伝」に描かれた宇佐美定満（定行）■
東京都立中央図書館特別文庫室蔵

承認していた家臣がいる一方で、なかにはそれを良しとしない者もいた。その筆頭が、上田長尾一族の当主長尾政景《まさかげ》であった。上田といえば、晴景と景虎が対立した際に、晴景派の基盤となっていたところである。

天文十八年六月、景虎は諸将に対して人質を提出するよう求めたが、長尾政景はこれを拒み、抗争する構えをみせた。景虎は、上田庄近隣の領主である宇佐美定満《うさみさだみつ》や平子氏を味方につけ、政景の孤立化をはかったが、政景は宇佐美氏の要害《ようがい》に放火するなどの行動をみせ、屈しなかった。

そうしたなか、天文十九年二月、越後守護上杉定実が死去した。定実には後継者がいなかったため、越後上杉家は断絶することになった。守護代の景虎にとっては、「屋形様《やかたさま》」である定実の死去によって、実質上、越後の国主という地位を得ることになった。ただし、景虎はあくまで守護代の家格であり、国内を統治する公的な権限を持ち合わせていなかったといえる。政景のような反対勢力を抑え、国内を

坂戸城遠景（右）と居館跡（左）■長尾政景の居城で、魚野川をはさみ、三国街道を見下ろす山の中腹に築かれている。国指定史跡　新潟県南魚沼市　写真提供：南魚沼市教育委員会

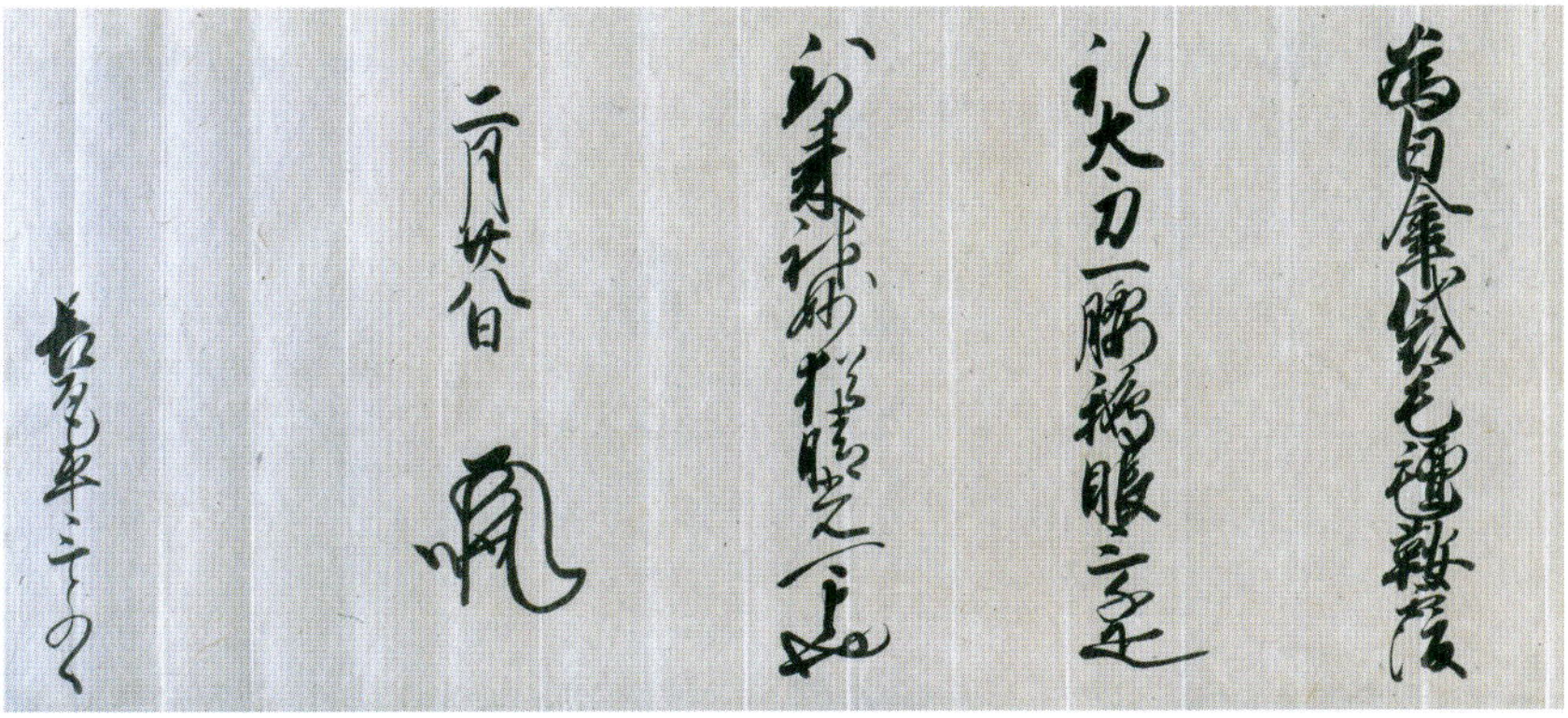

（天文19年）2月28日付け足利義輝御内書■「上杉家文書」 米沢市上杉博物館蔵

統治するための権限が必要となっていたのである。

そこで、景虎が目をつけたのが、室町幕府将軍との関係であった。景虎は家臣の神余《かなまり》親綱《ちかつな》*1を通じて、大覚寺《だいかくじ》義俊《ぎしゅん》・大館《おおだて》晴光《はるみつ》・愛宕山《あたごさん》下坊《しものぼう》幸海《こうかい》らに依頼し、将軍足利義藤《よしふじ》（義輝《よしてる》）から白傘袋《しろかさぶくろ》*2と毛氈鞍覆《もうせんくらおおい》*3の使用許可を得た。これらの使用は、本来守護クラスのものに限られており、その許しを得たことは、高い格式と実質的な支配をおこなう公権の獲得を意味する。ただし、獲得も〝ただ〟ではいかなかった。景虎は許可の礼として、三〇〇〇疋（約三百万円ほど）の銭と太刀を将軍に贈っている。

この許可は、上杉定実死去の二日後に出されており、『上越市史』などが指摘するように、生前からの工作が予想できよう。つまり、守護の死によって許可申請の必要性が生じた

*1 神余親綱■代官として京都に駐在し、朝廷や幕府との折衝にあたった（京都雑掌という）。また、公家の三条西家に接近して青苧など越後の特産品の売買に関する務めも果たした。青苧による取引は長尾（上杉）家の重要な資金源となった（本書第二部第一章も参照）。

*2 白傘袋■長柄の妻折傘にかぶせる袋。

*3 毛氈鞍覆■行列などで替え馬として牽かれる馬の鞍にかぶせた馬具。謙信の所要と伝わるものを上杉神社（山形県米沢市）が所蔵している。

足利義輝画像■京都市立芸術大学芸術資料館蔵

わけでない。むしろ、為景と晴景も同様に使用許可を得ていることからすれば、父と兄にならったものであった。それが守護の断絶によって、さらに大きな意味を持つにいたったということだろう。白傘袋と毛氈鞍覆の使用許可の獲得によって、安田景元《やすだかげもと》が祝賀として景虎に太刀を献上するなど、実際に諸将がその権威を認めていることも確認できる。これにより、国内統治への足がかりとなったのである。

長尾政景夫妻画像■東京大学史料編纂所蔵模本

その後、景虎と政景の抗争は、天文二十年夏まで続いたが、講和が成立したことで、政景は景虎に従うことになった。なお、講和の成立により、景虎の姉である仙洞院が政景に嫁いだという。仙洞院は、のちに、景虎の跡を継ぐことになる景勝《かげかつ》の母となった女性である。

景虎は、抗争後も権威の強化をゆるめず、将軍へ任官の交渉を始め、天文二十年十二月に近江国守護六角定頼《ろっかくさだより》と友好を深めている。景虎は定頼へ太刀と鷹を贈り、定頼はその返礼として紅氈鞍覆《こうせんくらおおい》と太刀を景虎へ贈った。白傘袋と毛氈鞍覆の使用

景虎の姉・仙洞院の墓■山形県米沢市・林泉寺

許可を得たころから、大覚寺義俊らによって要請されていた京都への上洛を計画していたので、その際、通り道となる近江国の守護で、京都でも実力があった六角氏とは関係を深めておく必要があったというわけである。

たしかに、景虎は政景との抗争を終結させるなど国内統治を進めてはいたが、国内はもとより、対外的にも越後を治める国主として認められるべく、任官と上洛の準備をおこなったのであった。国内の統治にあたり、念には念をいれる景虎の姿勢がみてとれる。

越後に逃げてきた上杉憲政を迎えいれる

天文二十一年（一五五二）正月十日、山内《やまのうち》上杉一族で関東管領《かんとうかんれい》（鎌倉公方を補佐する役職）をつとめていた上杉憲政《のりまさ》が小田原の戦国大名北条氏康《ほうじょううじやす》との抗争に敗れ、上野国平井《ひらい》城（群馬県藤岡市）から越後国へ入った。のちに関東へ侵攻することになる景虎にとって、憲政の越後入りは大きな出来事であった。

同年五月、景虎は将軍から弾正少弼《だんじょうしょうひつ》の官途《かんと》と従五位下《じゅごいのげ》の位階《いかい》を与えられた。これは、父・為景と同じ官途・位階である。七月には、平子孫太郎や安田景元ら国内の諸将が任官の祝賀をしており、このときの任官が国内統治に役立っていたことがわかる。景虎は、官途と位階を得ることで、越後国主の地位を固めていったのだ。

安田城碑から米山を望む■安田城は安田景元の居城。現在は、安田の城之組集落内の安田城跡公園にあり、東屋や石碑が整備されている。安田氏は長尾景虎を初期から支えた有力な家臣で、のちに上杉景勝とともに会津に移り住んだ　新潟県柏崎市　写真提供：柏崎市商業観光課

上杉憲政木像■群馬県利根郡みなかみ町・建明寺蔵

京都との関係を深める一方、関東出陣の準備も進めていた。五月には上野国へ派遣していた使いの僧が帰ってきて、情勢を報告している。上杉憲政は上野国の様子を聞き、「越山」を急ぐよう長尾政景に述べている。〝越山〟、すなわち関東侵攻は、七月中旬から下旬になされたようである。

なお、天文二十二年二月に晴景が死去した。享年は二十七歳で、法名は千巖寺殿花嶽光栄といった。政治的な影響力はなかったとはいえ、晴景の死去は景虎が名実ともに越後の国主であることを示すことにつながったといえる。

平井城跡の復元橋■群馬県藤岡市

景虎の母・虎御前の墓■新潟県上越市
晴景の母は景虎と別であり、異母兄弟であったことになる

第二章　ライバル・武田信玄との抗争

武田氏との抗争開始、初めての上洛

天文二十二年（一五五三）四月十二日、景虎は後奈良《ごなら》天皇から、本国の越後と隣国で敵対する者を罰してよいとする文書（「治罰《ちばつ》の綸旨《りんじ》」）を得た（上杉家文書）。つまり、景虎は越後国内と隣国の信濃などで、敵対する勢力を排除する大義名分を獲得したのだ。

実はこのころ、甲斐の戦国大名武田晴信（信玄、以下信玄に統一）が、信濃方面に勢力を伸ばしていた。同年八月には、信濃国衆村上《むらかみ》氏の塩田《しおだ》城（長野県上田市）をはじめ、一日で十六の城が落とされるなど（『勝山記《かつやまき》』）、武田氏の攻勢はすさまじいものであった。危機に瀕した村上家当主の義清《よしきよ》は、景虎に救援を求めた。

景虎はこれに応え、信濃に出陣した。武田勢が信濃を突破すれば、本国越後にも危険が及ぶことになるから、景虎としてもその前に食い止める必要があったのである。長尾・武田両軍は川中島《かわなかじま》（長野市）付近（布施・上野原）で戦闘を繰り広げた。これが以後、十二年にもわたる、いわゆる「川中島合戦」の始まりであった。

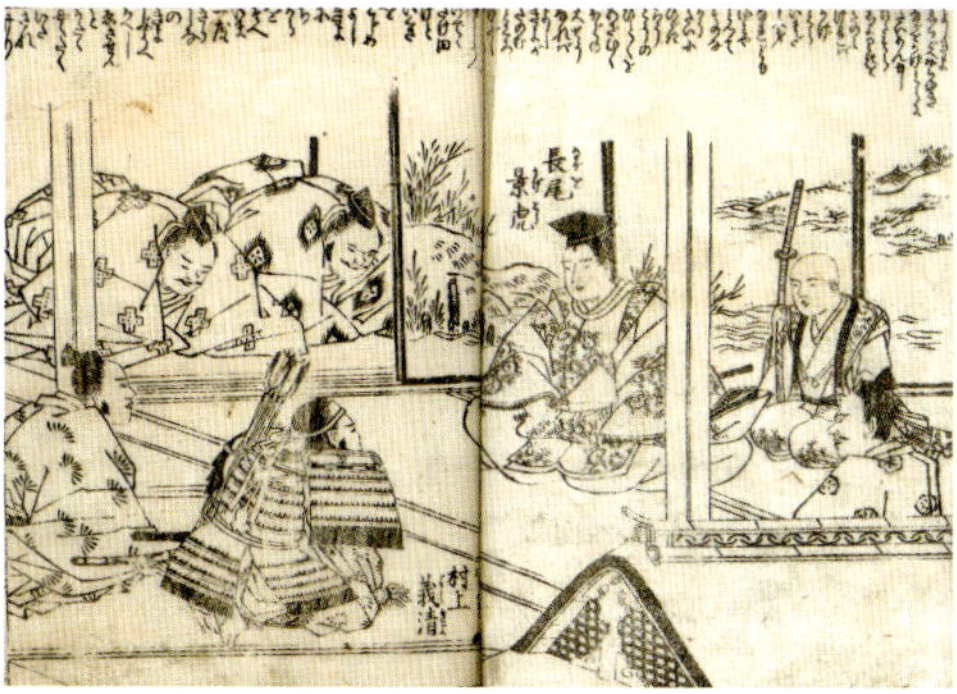

景虎を頼る村上義清■『絵本信玄一代記』個人蔵

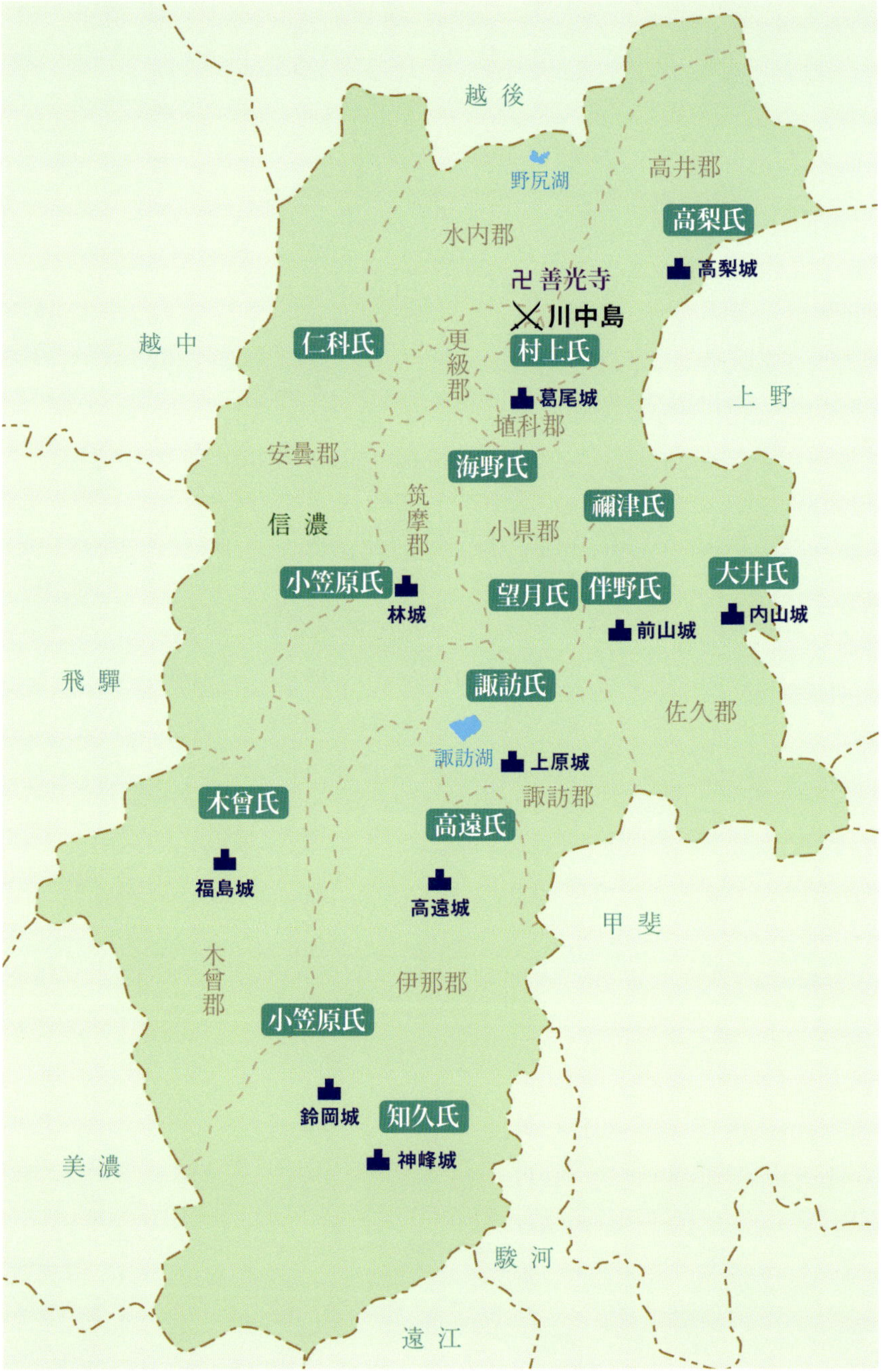

図2　信玄侵攻時の信濃国勢力図

この戦闘で武田勢の侵攻を止めることができた景虎は、同年秋には初めて上洛した。景虎は後奈良天皇に拝謁し、*1天杯《てんぱい》と無銘《むめい》豊後《ぶんご》瓜実《うりざね》御剣《ぎょけん》を与えられた。また、景虎は公家の*2広橋国光《ひろはしくにみつ》の接待で内裏を見学するなど、このときの恩義にたいへん喜び、天皇に忠誠を誓ったという。

景虎の上洛は、後奈良天皇に謁見し、白傘袋・毛氈鞍覆の許可や任官の礼を述べることが目的であったが、それだけが理由ではなかった。大坂本願寺《おおさかほんがんじ》・高野山《こうやさん》・大《だい》

*1　天杯■天皇から賜る杯のことで、酒を他の杯に移して飲むのが礼とされた。

*2　広橋国光■広橋兼秀の子。幕府との間をつなぐ、武家伝奏をつとめるなど、将軍とも密接な関係にあった。

武田信玄画像■長谷川等叔筆　個人蔵

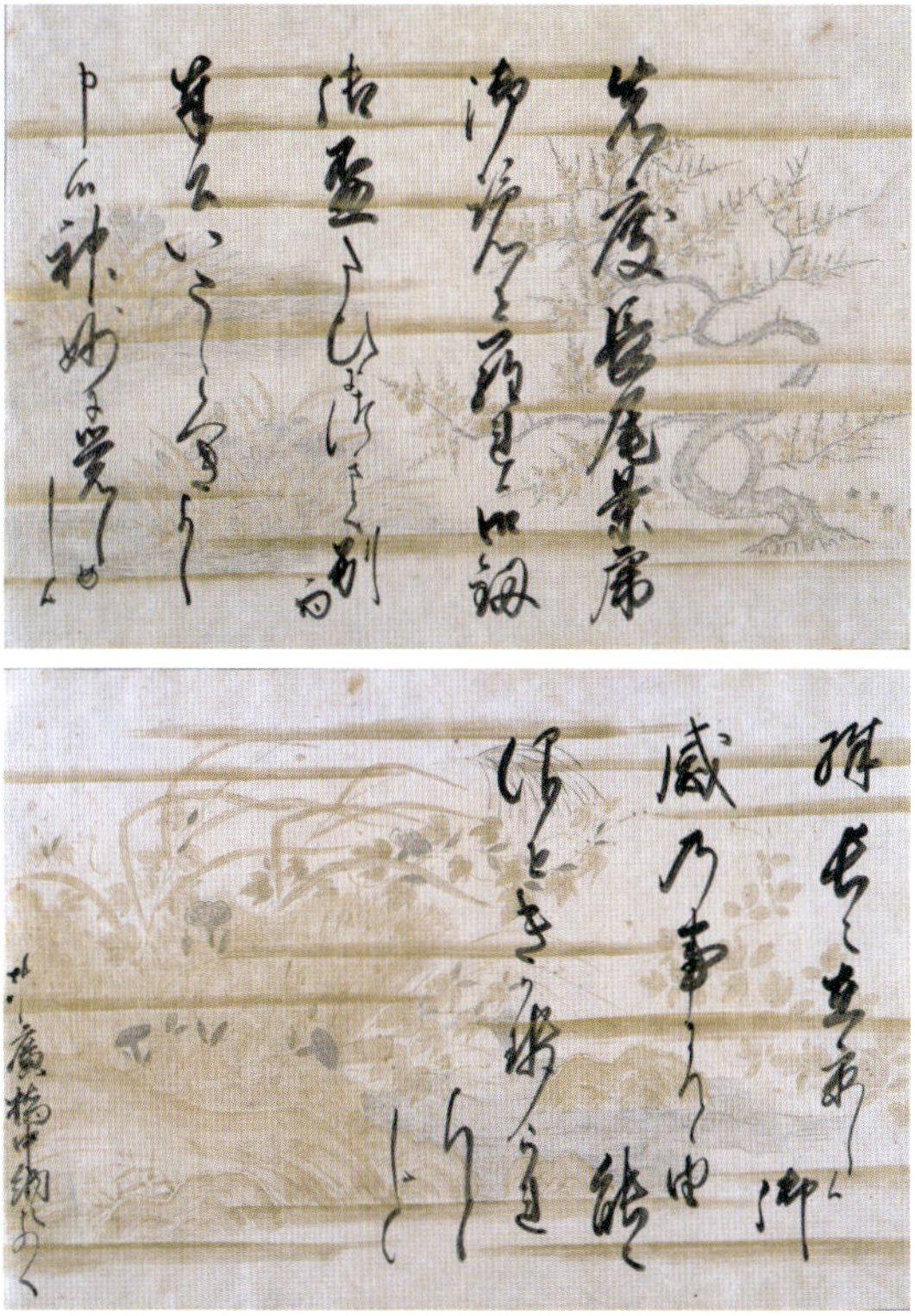

（天文 22 年）後奈良天皇女房奉書■天皇が景虎の奉公に感激したという内容である　「上杉家文書」 米沢市上杉博物館蔵

菅谷不動尊■景虎ゆかりの仏像で、諸仏への信仰を示す　山形県米沢市・法音寺蔵

徳寺《とくじ》などの寺院とのつながりを重視し、十一月十三日は、本願寺証如《しょうにょ》へ太刀・馬・銭千疋を贈り、景虎自ら証如のもとに赴くなど、関係を深めている。本願寺との接近は、越後・畿内の交通を確保するためでもあったといわれている。その後、景虎は堺《さかい》から高野山に参詣し、無量光院清胤《むりょうこういんせいいん》から真言《しんごん》の教養を授けられ、師弟の関係を結んだ。清胤は大覚寺義俊らともつながりがあったとされ、清胤との接触は、政治的な理由もあったかもしれない。

十二月には京都に戻った景虎は、このとき前大徳寺住持徹岫宗九《てっしゅうそうきゅう》のもとに参禅《さんぜん》し、十二月八日付けで[*1]衣鉢《いはつ》・法号《ほうごう》・[*2]三帰《さんき》・[*3]五戒《ごかい》を受けて、法号「宗心《そうしん》」を称することになった（上杉神社文書）。実際、これ以降、書状を出すときなどには宗心と署名している。さらに、それまでの花押《かおう》も改めて、新たな花押を使用してもいる。

法号は、受戒した僧に与えられる名であり、なぜ景虎がこのとき法号を授けられ、「宗心」を称することになったのかという問題には、いまだ明快な解答が出されていない。たしかに、幼少時に寺に入っていたことから、仏教に対する篤い信仰心が

「洛中洛外図屏風」に描かれた内裏■米沢市上杉博物館蔵

＊1　衣鉢■僧侶が身にまとう袈裟と鉢。

＊2　三帰■仏・法・僧の三宝に帰依すること。

あったことは否定できない。ただし、景虎は国主という立場にある以上、個人的な理由もさることながら、為政者としての側面も考えないといけないだろう。また、たとえば信玄のように、出家して入道名を名乗ることはよくみられることではあるが、景虎はこのとき二十四歳であり、出家するには若すぎる感がある。

この点について、兄・晴景の子がおり、景虎はあくまで当主代行の立場で、のちに家督を晴景の子に譲る予定であったから、法号を授かることは不思議ではないという説もある。しかし、晴景との対立ののち、当主になった景虎とその家臣からすれば、晴景の子に家督を譲る予定であったというのは難しいのではないか。

このように、「宗心」の行動を考えてくると、やはり個人的な信仰心が理由とみてよいのかもしれない。いずれにしても、この問題は景虎の意識を探るうえで重要である。

こうして、上洛によって成果をあげた宗心（景虎）は、同年末には越後に帰国したのであった。

■第二次川中島合戦と善光寺■

帰国後の宗心は、領国内の整備を進めていたと考えられるが、この時期の史料は少なく、詳細は分からない。

＊3　五戒■仏教で在家信者が保つべき五つの戒めの徳目。殺すこと・盗むこと・よこしまな性関係を結ぶこと・嘘をつくこと・酒を飲むこと、以上の五つをしてはならないと戒めるもの。上杉謙信が生涯不犯だという説の根拠にもされてきた。

景虎花押

宗心花押

一光三尊善光寺如来■新潟県上越市・十念寺蔵

弘治元年（一五五五）七月中旬、武田氏と戦うため、宗心は信濃に出陣した（第二次川中島合戦）。七月二十三日には、前回と同様に村上義清らが宗心を頼って逃れてきており、同日、宗心は信濃善光寺《ぜんこうじ》（長野市）に陣を張った。善光寺堂主の栗田《くりた》氏は武田方であり、武田信玄は兵や武具の援護をおこなったが、大きな合戦は起こらず、膠着状態がつづいた。

こうしたなか、宗心の家臣は動揺していたらしく、それをおさめるために誓詞《せいし》の提出を求めた。両軍が対峙するまま時は過ぎたが、駿河の戦国大名今川義元《いまがわよしもと》が長尾氏と武田氏の間を取り持ち、和議が結ばれたため、閏十月十五日には、両軍の兵は引き上げ、第二次川中島合戦の幕は閉じた。

なお、このとき宗心は、善光寺の大本堂本尊や*什物《じゅうもつ》を越後に持ち帰ったと伝えられている。宗心は、越後府内に近い直江津《なおえつ》（新潟県上越市）に如来堂《にょらいどう》を建てて、そこに仏像・仏具を安置したという。永禄年間のはじめには、門前に町場が形成さ

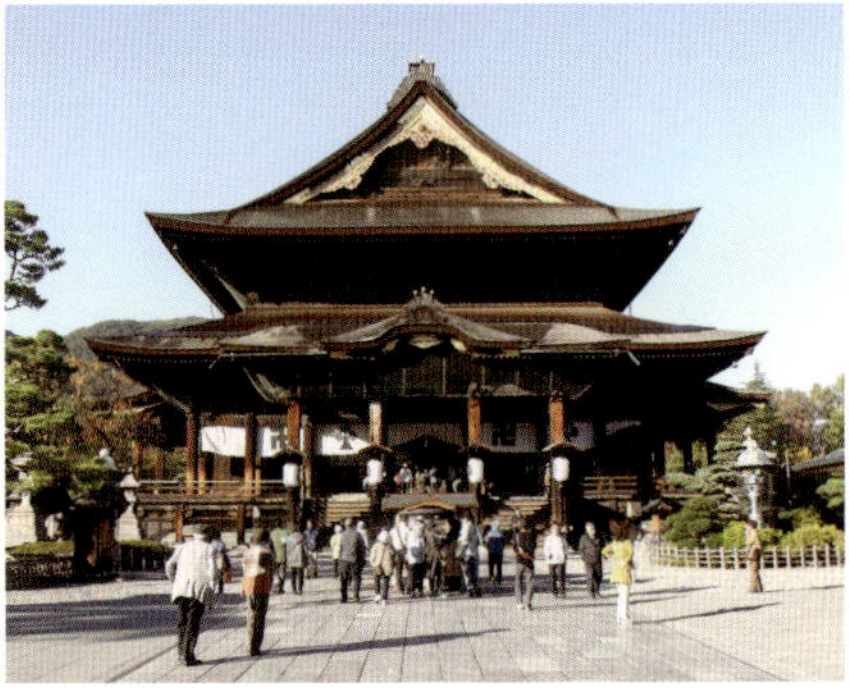

善光寺本堂■長野市　写真提供：善光寺

今川義元画像■義元は信玄と同盟関係にあった『英名百雄伝』※

れており、この地域には、信濃の者も移り住んだことがわかっている。ちなみに、武田氏も甲斐に善光寺の如来像を持ち帰っている。

これらの行動については、善光寺の仏像・仏具を持ち去り、本拠地の一角にそれを安置する如来堂を建造し、門前に信濃善光寺の僧と一般の住民を集めて都市化をはかったという説が出されている。善光寺の信仰的・宗教的な権威のみならず、そこから生じる経済的な力を自らの権力に取り込んだという。現在も浜の善光寺として伝わる十念寺や善光寺浜の基礎を築いた人物こそ、宗心だったのである。

■引退を表明し、越後を出奔■

こうして、武田氏と戦いながら越後の発展に努めていた宗心だったが、弘治二年（一五五六）六月、衝撃的な事件を起こした。なんと、突然引退を表明し、越後を離れてしまったのである。宗心が天室光育へ宛てた長文の書状にその理由が記されている。それによれば、宗心は当主となって以降、国内の統一を進め、大名としての家格を幕府に承認させるなど功績をあげてきたのに、配下が争うので嫌気がさしてしまったのだという。幸い、優れた家臣もいるから、宗心は遠国に行き、今後はその地から国のようすをうかがいたいと述べている。

では、この騒動をどう考えたらよいだろうか。素直に読めば、家臣がまとまらない

＊什物■寺院が所有している日用品の種々の器具や生活必需品のことで、宝物は什宝とも呼ばれる。

諸将、景虎が跡を追って妙高山に聚る図■宗心が出奔した先は古文書によると遠国とあるだけで定かではないが、高野山や比叡山延暦寺、越中・能登方面といった説も出されている　『絵本甲越軍記』※

から、もう嫌だと当主の仕事を投げ出してしまったということになる。家臣をまとめることも当主の務めであったことを考えれば、宗心はその器ではなかったといえる。しかも、家臣をまとめられないのは自身の責任ではなく、むしろこれだけ頑張ってきたのにと述べている。これは、当主の役目を忘れた無責任な言動と言わざるをえない。

ただし、この騒動は家臣の結束をはかるために宗心が装った芝居で、政治的な駆け引きだろうとする説もある。実際、この引退は家臣が慰留したことで撤回された。宗心は、家臣に引きとめられたので引退を撤回したという場面を作り出したのである。引退を撤回した宗心に対して、家臣は一同が忠義を尽くす旨を記した起請文《きしょうもん》（契約書）を提出し、中条藤資《なかじょうふじすけ》を筆頭に人質を差し出した。つまり、宗心は自らの功績を家臣に再確認させ、さらに引退というパフォーマンスをすることで、宗心が当主ではないとだめだと家臣に意識させたということになる。

しかし、これらとは別の見解もある。それは、宗心の神仏に対する信仰からみた

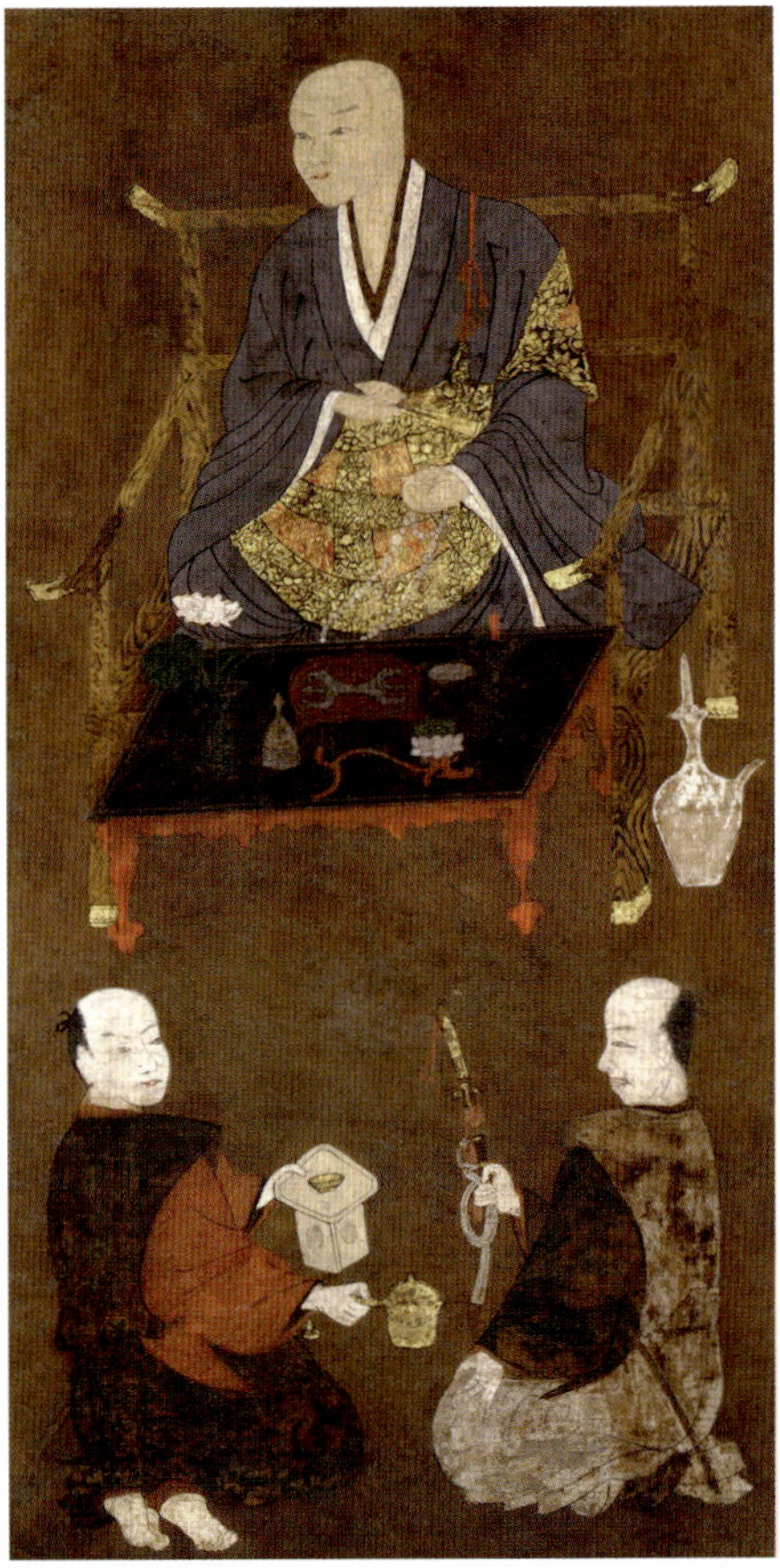

上杉謙信并二臣像■新潟県長岡市・常安寺蔵　画像提供：新潟県立歴史博物館
この画像は天正二年の頃のものといわれているが、顔立ちが若いことから、宗心の頃のものではないかという説もある

（左ページ）長尾景虎が寄進した梵鐘■景虎の寺社への信仰をあらわすものである　新潟県上越市・浄興寺蔵　写真提供：上越市教育委員会

説である。宗心は、法号を称しているように、仏道に帰依していた。私的には神仏に現当二世の安寧を求めて仏道修行に励んでいたが、公的（政治的）には、戦略上、寺社に暴力的な態度を取ることもあった。こうした公私の動態的な緊張関係が宗心の主体的な生き方であるとしたうえで、この公私の緊張関係が頂点に達し、内面的な葛藤が顕在化した結果、出奔という行動にでたのではないかというのである（会沢二〇〇八）。仏道に深く帰依しつつも、殺生や寺社の破壊もしなければならなかった宗心の心情に要因を求めたことになる。

そのほか、いくつか説が出されているが、どれがもっとも宗心の意識を読み解いたものであろうか。それは、宗心自身に聞いてみないと明らかにならないだろうが、やはり政治的な駆け引きの可能性が高い。ポイントは、出奔騒動後、引退を撤回した宗心は名を景虎に戻し、花押も改めていることにある。引退というパフォーマンスをしてまで家臣をまとめなければならなかったことを考えると、宗心に対して不満を持っていた家臣も少なくなかったということだろう。

それは、多額の費用を使っても、京都との関係を強めようとしたり、一方では、当主でありながら「宗心」という法号を授かるなど、仏道に執心したりする態度に家臣も不満を抱いていたのではないだろうか。それゆえ、「宗心」という法号を称するのはやめて、景虎に名を戻したとは考えられないか。

これ以上は推測を重ねるばかりになってしまうが、いずれにしても、景虎は家臣

景虎入道謙信、諸将を伏する図■『絵本甲越軍記』※

水晶数珠■上杉謙信の所用と伝わる　米沢市上杉博物館蔵

に「選ばれた」当主という立場を手に入れたことになる。かりに、引きとめられなかったらと考えると、宗心もずいぶん大胆な行動に出たものだ。京都との関係で念には念を入れる慎重な姿勢とは逆に、自らの引退を表明して出奔するという大胆な一面も垣間見えるのである。

ちなみに、もう一つ興味深いのは、宗心の隠遁を引き留めた代表者が長尾政景だったことである。先述したように、彼は景虎が当主になったときにもっとも反発した人物である。しかし、景虎の姉の夫になったこともあってか、このときには景虎を支える重臣に転じていたのである。政景は宗心の説得にあたり、「あなたは戦いから逃げている」と批判した。宗心はこれを認め、再び当主の座につくことになったのであるが、こうした当主を支える家臣があって、はじめて戦国大名領国は成り立っていたのである。

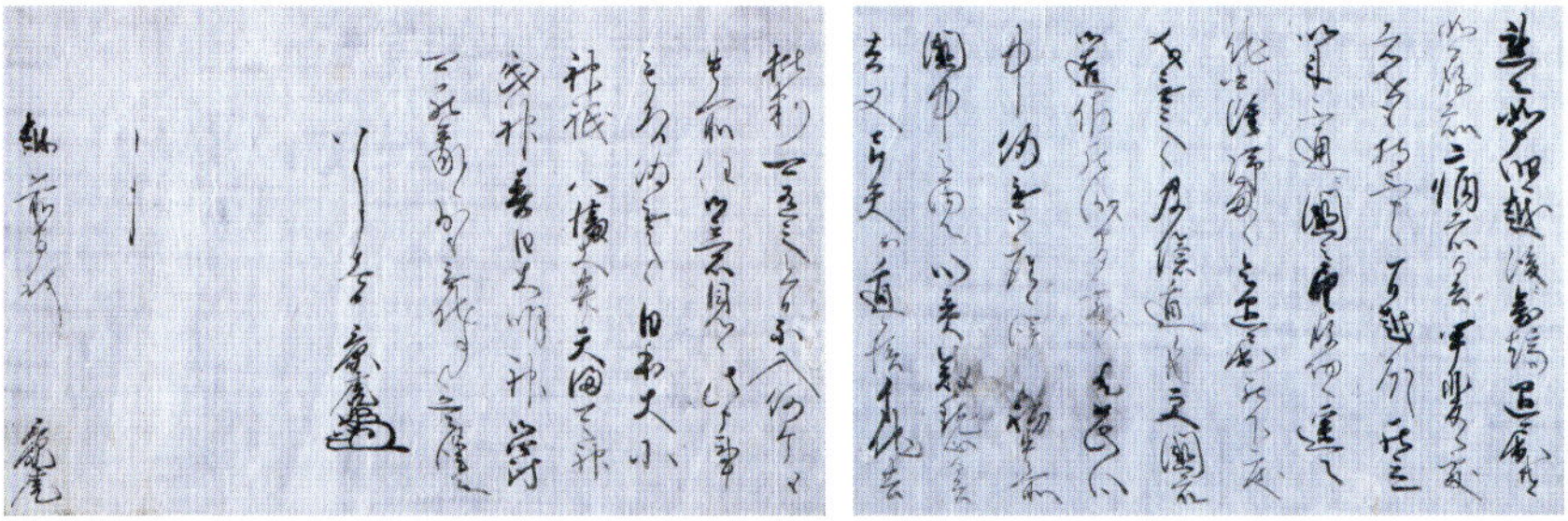

（弘治２年）８月17日付け長尾景虎書状■景虎が引退の撤回を長尾政景に伝えた文書。現在は二紙に分かれており、それぞれの部分を掲載した　「上杉家文書」米沢市上杉博物館蔵

■印判・旗・兜に込められた想い■

改めて当主の座についた景虎が対応しなければならなかったのが、武田氏との抗争である。実は、景虎が出奔したときに家臣の大熊朝秀《おおくまともひで》が景虎のもとを離れ、武田氏の配下となっていた。加えて、いったんは長尾氏と和議を結んだのにもかかわらず、信濃侵略をつづける武田氏とは対立が深まっていた。

弘治三年（一五五七）正月二十日、景虎は武田信玄打倒のため、神の助けを得ようと、信濃更科八幡宮《さらしなはちまんぐう》（千曲市、現在の武水分《たけみずわけ》神社）に願文《がんもん》*をささげた（歴代古案三）。そのなかで、景虎は信玄のことを「佞臣《ねいしん》」（よこしまでずる賢い者）で信濃国の諸士を滅ぼし、神社仏塔を破壊しているので、遺恨はないが、隣国の国主としては見過ごせないから戦う決心をしたと述べている。戦争をおこなう際は、その地の神社に対して、このような自己の正当性を主張する願文がしばしばささげられた。それは、家臣の士気にもかかわっただろう。いかに戦う相手が悪い奴かということを、文書で示したのである。

ちなみに、信仰や政治方針を示すものとしては、古文書に捺された印判もあげられる。景虎の印判使用は永禄年間からみられ、実に多くの種類を用いた。形も方形・円形・壺形と多様である。印判の使用は、戦国大名にはよくみられることなので珍しくないが、ここまで多くの種類を用いた人物はほとんどいないと言ってよい。さ

*願文■造寺・造塔・造像・写経・埋経・供養などをする際に、その趣旨を記し、祈願の意を示すための文書。

箕冠城跡から高田平野を望む■箕冠城は戦国時代に守護上杉氏の財政を担当していた大熊氏の居城。上越市指定文化財　新潟県上越市　写真提供：竹井英文氏

印文「円量」

印文「立願　勝軍地蔵　摩利支天　飯縄明神」

印文「阿弥陀　日天　弁才天」

印文「摩利支天　月天子　勝軍地蔵」

印文「地帝妙」

図３　景虎の印判

らに、印文で「立願《りつがん》　勝軍地蔵《しょうぐんじぞう》　摩利支天《まりしてん》　飯縄明神《いづなみょうじん》」、「摩利支天　月天子《がってんし》　勝軍地蔵」、「阿弥陀《あみだ》　日天《にってん》　弁才天《べんざいてん》」といった仏神の名がみられることは、景虎の方針が示されているといえる。とくに、「立願　勝軍地蔵……」は、戦争の勝利を願ったものである。景虎といえば、旗印の「毘」に示されているように、毘沙門天《びしゃもんてん》への信仰が篤く、「軍神」と称されることもある。また、兜の前立《まえだて》には、戦勝の神である飯縄明神像を装着するなど、先の印文同様に、戦勝を意識していたことがわかる。

こうした願文・印文・旗印・兜は、景虎自身の信仰もさることながら、家臣や支配地に示す政治方針という意味も持っていた。景虎の場合は、とりわけ戦勝を強く意識していたのである。

二月になると、武田軍の攻撃で信濃水内《みのち》郡の葛山《かつらやま》城が落ち、危機感を強くした景虎は、雪の中を出陣して圧力をかけた。しかし、三月には信濃国衆の高梨政頼《たかなしまさより》が、景虎に対して、「景虎の出馬がこれ以上延びるようなら、居城の飯山《いいやま》城を明け渡す」

軍旗「毘」■個人蔵　写真提供：米沢市上杉博物館

（左ページ）謙信が奉納したと伝わる軍配■新潟県上越市指定有形文化財　上越市・愛宕神社蔵　写真提供：上越市教育委員会

と伝えており、武田勢におされていたようだ。高梨氏の要請もあって、景虎は四月十八日に信濃へ軍を進め、善光寺に着陣している。

五月十日には、小菅《こすげ》山《さん》元《がん》隆《りゅう》寺《じ》（現在の小菅神社、飯山市）に願文をささげた（謙信公御年譜三）。なお、この願文には景虎のイメージにかかわる文言がある。それが、「以義誅不義」（義をもって不義を誅す）である。義＝人として守るべきことをおこなう者が、不義＝人として守るべきことにはずれた者を成敗するという意味である。願文である以上、正当性の主張や宣伝文句であるだけに割り引いて考える必要はあるが、こうした論理が、戦国時代に、そして景虎の精神にあったことは認めてよい。

その後、「義戦」をかかげた景虎勢は、八月下旬に上野原《うえのはら》（長野市）で武田勢と戦った。いわゆる第三次川中島合戦である。具体的な戦果はわからないが、いくつか景虎の感《かん》状《じょう》（部下の戦功をほめたたえた文書）も出されていることから、ある程度の成果はあったようである。願文で「義戦」を示

上杉謙信の兜の前立■新潟県長岡市・常安寺蔵
写真提供：長岡市立科学博物館

小菅神社の奥社本殿■長野県飯山市　写真提供：飯山市教育委員会

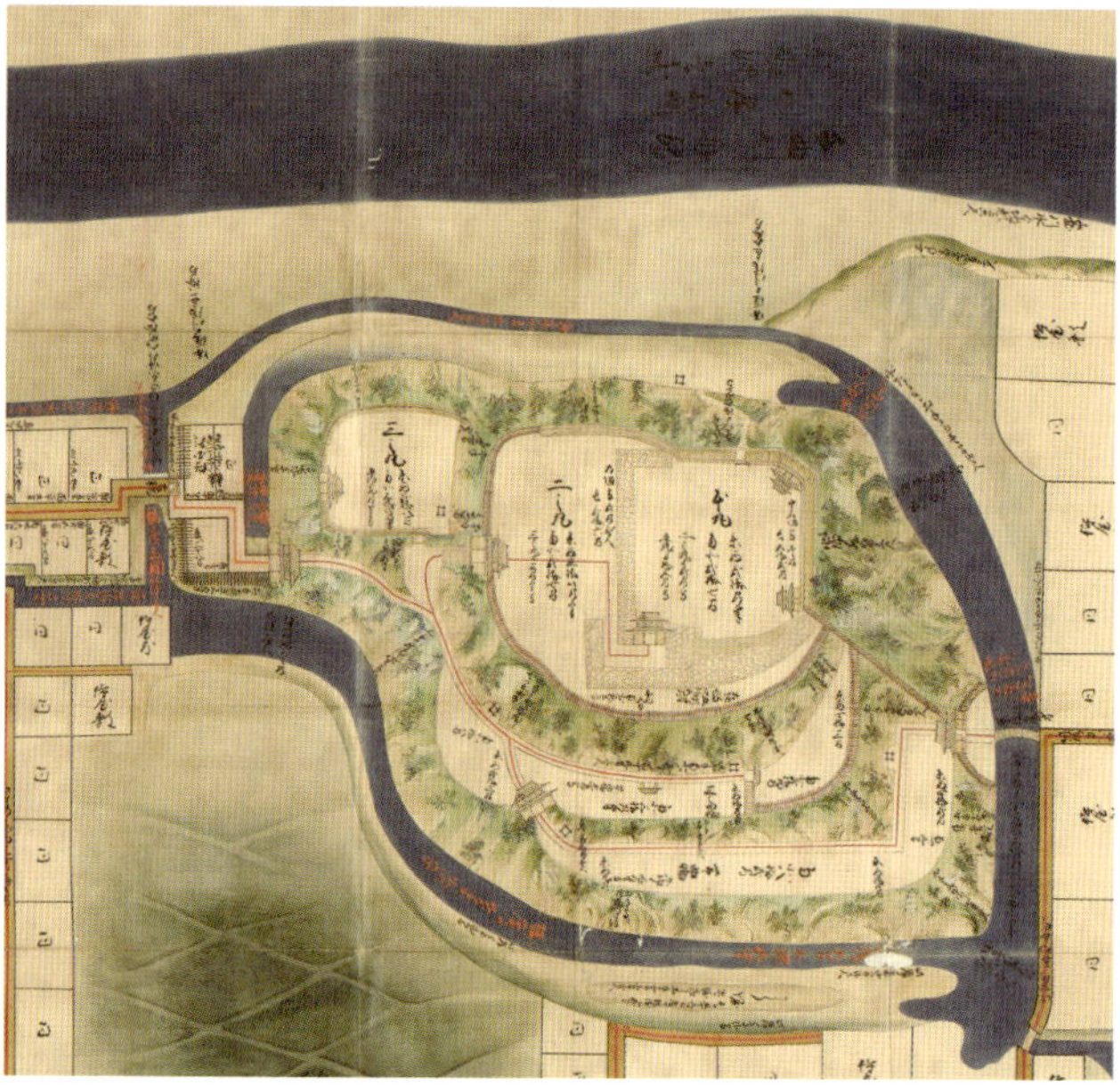

信濃国飯山城絵図（部分）■飯山城は信濃国で景虎軍の前線基地として改修・機能したといわれ、江戸時代には飯山藩の藩庁が置かれた。絵図は江戸時代前期の様子を描いている　国立公文書館蔵

したことは、景虎が義に厚い人物だということよりも、むしろ戦いに挑む家臣の士気の向上に役立ったのだ。家臣のための「義」の表明であり、第三次川中島合戦でも「義」の効果はあったと言っても許されるだろう。

なお、第三次川中島合戦が、景虎にとって信濃支配の画期になったという（片桐二〇〇〇）。それまでは、あくまで信濃国衆の救援というかたちで出陣していたのに対し、三回目の川中島合戦以降、長尾氏に信濃国衆が従属し、さらに家中にまで介入することになった。そして、飯山城と野尻《のじり》城（長野県上水内郡信濃町）を拠点化し、信濃支配を展開していくことになったのである。

飯山城の枡形虎口■長野市飯山市　写真提供：信州いいやま観光局

■二度目の上洛、近衛前嗣との接近■

永禄元年（一五五八）、将軍足利義輝は武田氏と長尾氏の講和を促し、翌年二月には講和がおおむねなったとの義輝の御内書が景虎に出されている。これにより、景虎は春に二度目の上洛をおこなった。このときの上洛は大規模なもので、付き従う者が五千人余りで行列を群集が見学したという。一行は、四月二十一日には近江国坂本（滋賀県大津市）に着いた。その後、景虎は数ヶ月にわたり在京することになるが、基本的には坂本を拠点にした。

景虎は、四月二十四日に幕府の*1相伴衆《しょうばんしゅう》に任じられ、同月末までに入京した。五月には正親町天皇から杯を賜っている。六月二十六日には、三管領や将軍一族に準ずる待遇である*2裏書《うらがき》御免・*3塗輿《ぬりこし》使用の許可、信濃国の諸侍に意見する権利を得た。これにより、長尾家の家格の上昇や信濃国に対する支配の正当性を得たことになる。加えて、上杉憲政の進退を景虎に任せるとの将軍御内書も得たのであった。

この頃、景虎は歌道に熱心であったようだ。公家の西洞院時秀《にしのとういんときひで》に「三智抄《さんちしょう》」という歌書を求めたり、近衛稙家《このえたねいえ》に「詠歌大概《えいがたいがい》」を書写してもらったりしている。このような景虎に対して、稙家は歌道に執心しており奇特だと評している。歌道を通じて関係を深めた近衛家などとは、将軍とともに坂本で和歌会や酒宴を催し、酒席には美しい若衆《わかしゅ》（少年）をたくさん集めて、たびたび夜が明けるまで酒を飲んだこ

（右ページ）「越後十七将図」に描かれた高梨政頼の息子・頼治■高梨一族は信濃国衆であったが、高梨政盛の娘が景虎の祖父・能景に嫁ぎ、その間に生まれた女子が政頼に嫁ぐなど長年にわたって関係を深めてきた　個人蔵

＊1　相伴衆■饗応の際に将軍に相伴する人々のこと。将軍の補佐を務める慣例に次ぐ高い地位にあり、有力な大名で構成された。

＊2　裏書■書状を送る際に折りたたんだ書状を紙で包んで封をするが、この包んだ紙を封紙と呼び、宛先と差出人の名前が書かれた。包んだ状態で表に宛名と差出者の名前（実名・法名のみ）、裏に差出者の名字と官途（仮名）を書いた。この裏側の記載が「裏書」であり、この記載を省略できることを「裏書御免」と称した。

＊3　塗輿■広い意味では漆塗の輿、狭い意味では網代輿（あじろこし）のこと。網代輿とは、竹や檜（ひのき）の網代（互い違いにくぐらせて編んだもの）を屋根や両わきに張り、黒塗りの押し縁（ぶち）をつけた輿のことである。

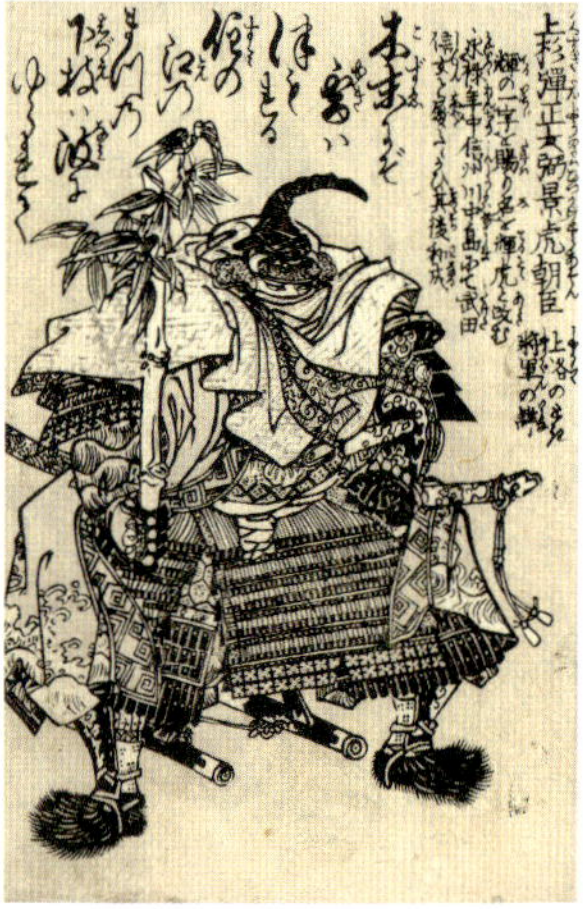

長尾景虎画像■『英雄三十六歌仙全』※

ともあったようだ。

この場面は、景虎の男色《だんしょく》や酒好きを語る際に、必ずといってよいほど引用される。とくに、近衛前嗣《さきつぐ》が智恩寺《ちおんじ》に宛てた書状（上杉家文書）で、景虎は若衆が好きなようだと述べていることが証拠になっているようだ。たしかに、若衆を集めたり、夜通し酒を飲んだりすることは、景虎の性格を示しているのかもしれない。ただ、これはあくまで宴会の場面であって、景虎だけの趣向を取り入れているわけではない。これら景虎の性格は、後世に語られたものも多いだけに、まだまだほかの資料からも考えてみる必要があるだろう。

しかし、先の智恩寺宛て書状で、前嗣は夜明けまで大酒を飲んだから二日酔いだと記しており、その前嗣が二日酔いの文につづいて、景虎とも大酒を飲んだといっていることは、景虎も「いける口」であったことを暗に示しているだろう。前嗣の別の手紙では「面白酒」とみえ、楽しいお酒を酌み交わしていたようだ。

酒の飲み過ぎではないのだろうが、六月頃、景虎は腫れ物を患っていたようで、将軍から見舞いの使者が遣わされていた。

同じ日に、将軍家から景虎へ鉄砲の玉薬《たまぐすり》と調合に関する書（上杉家文書）が贈ら

謙信の上洛の様子■輿に乗っている人物が謙信といわれている。先頭の馬の朱色の鞍が毛氈鞍覆であり、輿の後ろに付いている者が持つ白い布が白傘袋である　上杉本洛中洛外図屏風　米沢市上杉博物館蔵

れた。ここには、「えんせう」（塩硝）・「すみ」（炭）・「いわう」（硫黄）といった文言とともに、調合の仕方がこと細かに記されており、貴重な資料である。長尾家の鉄砲使用を考えるとき、欠かせないものであることは間違いない。

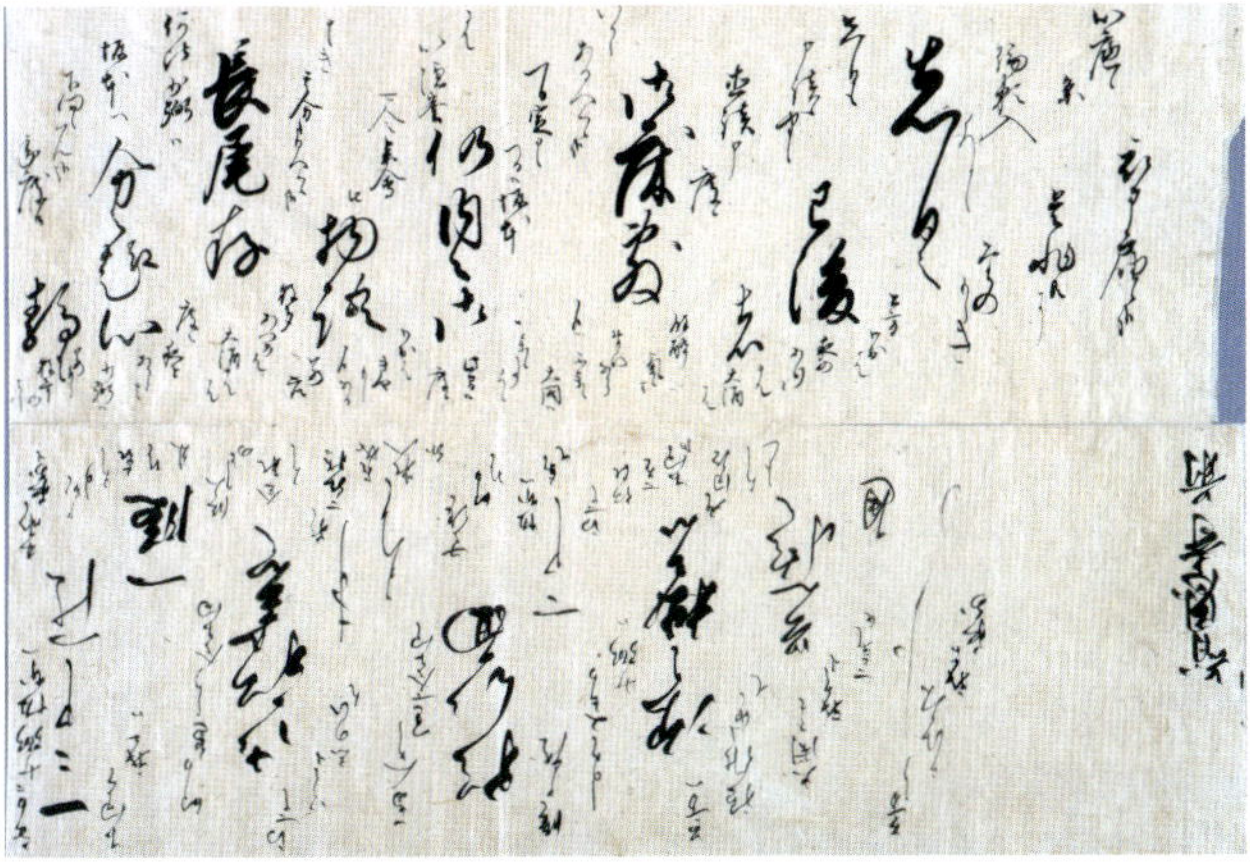

（永禄2年）近衛前嗣書状■前嗣が景虎と大酒を飲んだことが書かれている　「上杉家文書」　米沢市上杉博物館蔵

景虎の腫れ物はどうなったかはわからないが、帰国の準備を進めていたようで、快方に向かっていたのだろう。景虎は、今回の上洛で家格の上昇のみならず、歌道を通じた交流や鉄砲薬の調合書など、さまざまなものを手に入れたが、一方で、景虎に運命を左右された男もいた。景虎と飲み明かした近衛前嗣である。

前嗣は景虎に血書の起請文（上杉家文書）を差し出して、いっしょに越後へ行きたいと述べた。前嗣はどうも以前から京都に嫌気がさしていたらしい。そのようなとき、上洛してきた景虎と懇意になったことから、京都を離れることを決めたようだ。その起請文

川中島合戦で鉄砲を使う兵■米沢本川中島合戦図屏風　米沢市上杉博物館蔵

景虎上洛時の天皇・正親町天皇画像■『歴代至寶帖』　個人蔵

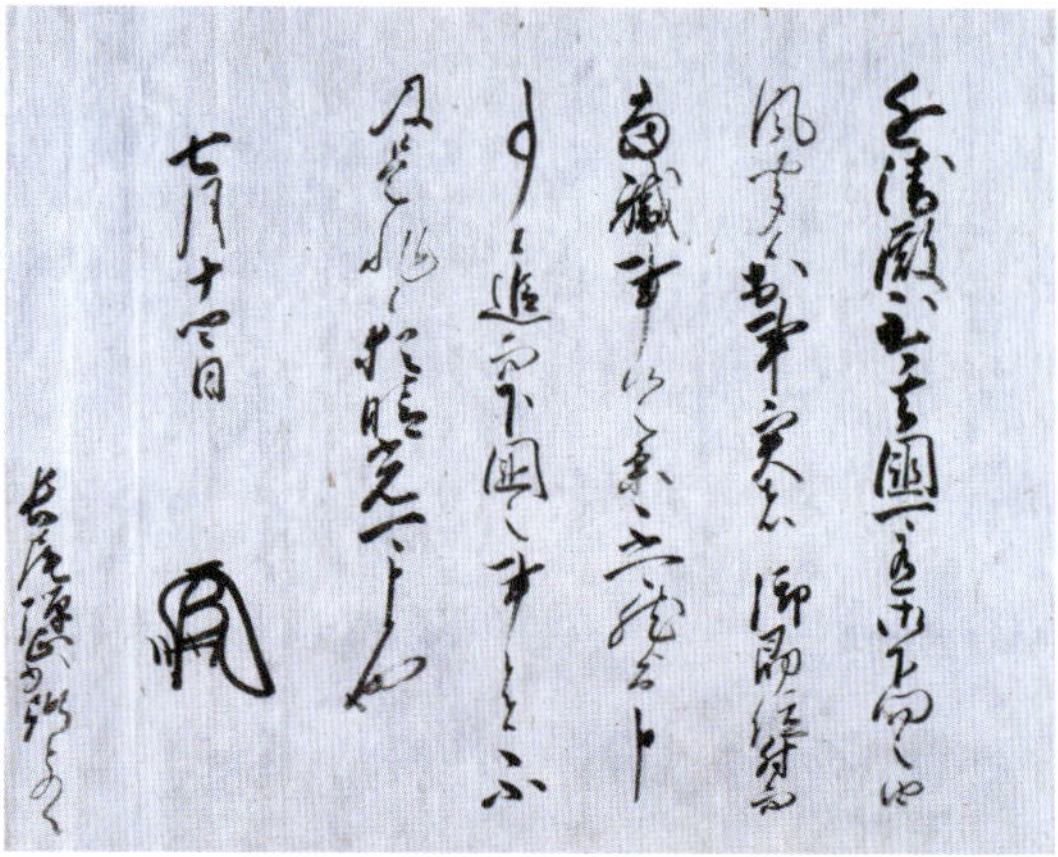

（永禄２年）７月14日付け足利義輝御内書■将軍義輝が景虎に前嗣の越後行きを延期するよう申し入れている　「上杉家文書」　米沢市上杉博物館蔵

によれば、景虎も乗り気だったらしく、ふたりは「密事」を他言しないともある。

しかし、壁に耳あり障子に目ありとはよくいったもので、この計画は将軍にばれてしまった。将軍義輝は景虎に対して、前嗣が越後へ行くという噂を聞いたが、もし事実ならば、正親町天皇の即位式に現職関白の前嗣がいないことになるので許可できないと伝えた。将軍側近の大館晴光《はるみつ》も、まずは延期するようにと述べている。景虎は板挟みの状態になり、返答に困ってしまった。結局、このときの前嗣の越後行きは叶わず、明確な日にちはわからないが、八月頃に景虎は越後に帰国したようだ。

「洛中洛外図屏風」に描かれた近衛殿■朱色の着物の人物が近衛前嗣といわれている　米沢市上杉博物館蔵

■河田長親に出会い、家臣にする■

二度目の上洛のなかで、景虎は長尾家（上杉家）を支えることになる人物と出会った。それが、河田《かわだ》長親《ながちか》である。長親は、利発で容姿端麗の美少年であった（『上杉三代日記』など）といわれ、景虎の男色を説明するときに引用されることもある。ただし、美少年であったということは、江戸時代の記録にみえるだけで、当時の史料にはみえない。また、上洛中に出会い、利発であったことから越後に連れ帰ったといわれてきたが、そのあたりの詳しい事情は、あまりわかっていなかった。

しかし、近年の研究で、長親の前半生も徐々に明らかになってきた（広井一九九五・佐々木二〇〇七）。長親は近江出身で、六角氏の旧臣であった。河田氏は、近江国野《や》洲《す》郡川田《かわだ》郷（滋賀県野洲市）を本拠とする土豪《どごう》で、野洲川を挟んで隣接する守山《もりやま》（守山市）なども領していたようだ。河田氏は六角氏や管領細川氏の使者を務めながら、薬師《やくし》寺《じ》別当《べっとう》領の近江国豊浦《とようら》荘（滋賀県蒲生郡）の代官もしていた。長親は、この河田氏の出身だという。先述したように、六角氏がいた近江国は、越後から上洛する際の通り道であり、景虎と長親はこのあたりで出会ったのだろう。長親の名前のうち、「長」の字は景虎が家臣に好んで与えたものであり、景虎の寵臣であった。

長親は「旗本の奉行」と呼ばれ、景虎の側近くに仕えた。永禄六年（一五六三）十月に京都の醍醐《だいご》寺の僧一行が越後府中に逗留したとき、長親が接待した。連歌にも明るかったという。

永禄八年十月に、景虎（当時は輝虎）が近江国に滞在していた足利義昭《よしあき》と連絡を

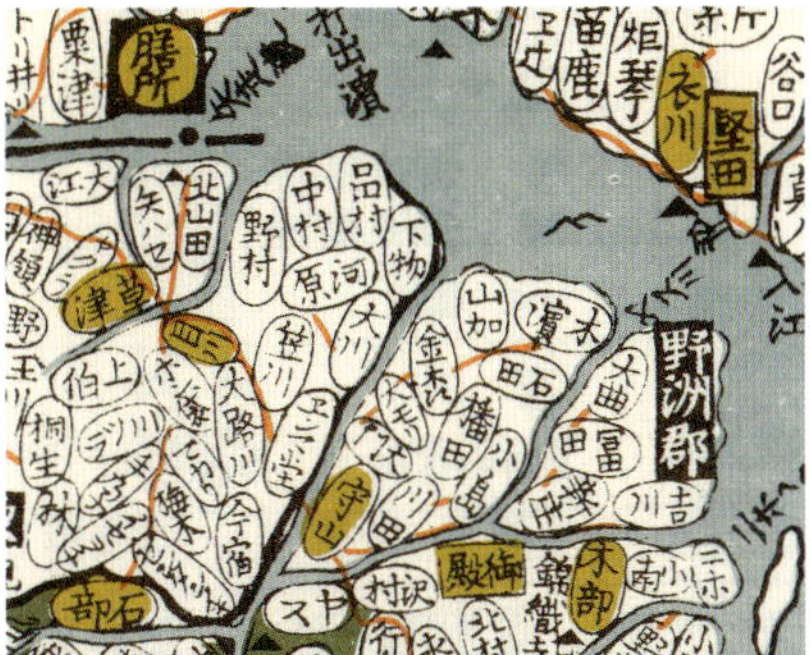

■※近江国絵図（国郡全図並大名武鑑）部分

河田長親花押

「米沢本川中島合戦図屛風」に描かれた河田長親（川田豊前）
■米沢市上杉博物館蔵

取ろうとしたとき、長親は父の元親《もとちか》を通じてやり取りした。景虎が長親を抱えた理由は、近江国に人脈があり、京都の事情にも明るい人物を側近くに置きたかったからだろう。

けっして利発で容姿が良かったということだけではなく、『上越市史』も指摘するように、さまざまな能力を持つ優秀な人材を積極的に登用することが、景虎の方針だったといえる。

京都から守護上杉氏を訪れた者の迎賓館として使われた至徳寺跡出土の石塔・石仏■至徳寺は大寺院として伽藍も整備されていたというが現在は廃寺となった。跡地に禅宗寺院の徳泉寺があり、至徳寺跡出土の石塔類も同寺の境内にある　新潟県上越市

第二部　戦いの果てにみた夢

関東への侵攻を開始し、各地を転戦。領国の安定をはかるため打ち出した様々な政策。悲願であった七尾城を奪取し、天下へ歩を進めようとする謙信。一生の栄華は一杯の酒にすぎないとうたった謙信の生涯とは？

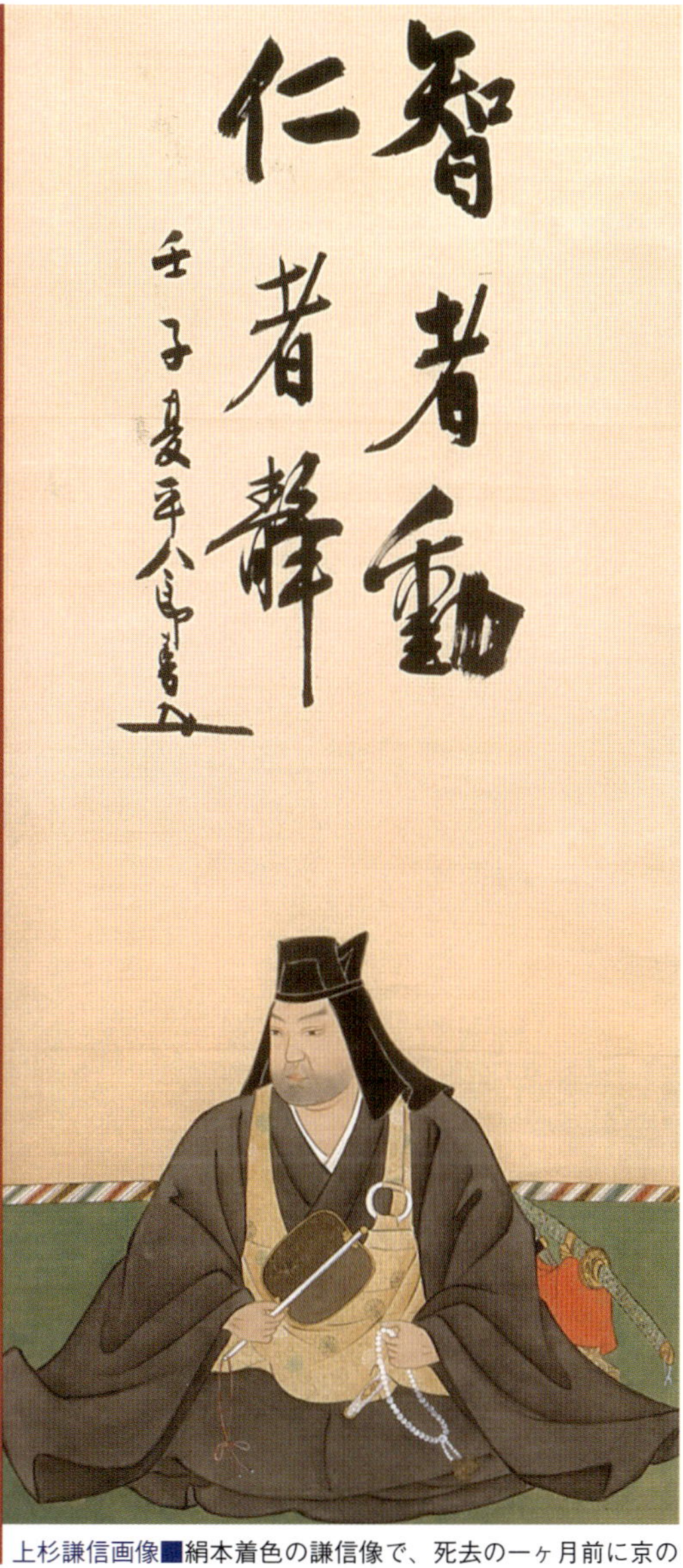

上杉謙信画像■絹本着色の謙信像で、死去の一ヶ月前に京の画工に描かせたものの模本　米沢市上杉博物館蔵

第一章 関東への侵攻を支えた町づくり

■どとうの勢いで小田原城を包囲する■

永禄三年（一五六〇）、常陸の佐竹《さたけ》氏や安房の里見《さとみ》氏、上杉憲政が景虎に関東への侵攻を要請した。とくに、里見氏は北条氏に攻められており、危険な状況にあったのだ。

景虎は九月上旬に上野に入り、明間《あけま》城・岩下《いわした》城・沼田《ぬまた》城を攻め落とした。北条氏康《うじやす》は、里見氏攻めのため久留里《くるり》（千葉県君津市）に陣を張っていたが、景虎の動きに対応せざるをえなくなり、陣を解いて、牽制のために武蔵河越（埼玉県川越市）まで出陣している。このときの関東への侵攻では、白井《しろい》・惣社《そうじゃ》・足利《あしかが》の長尾一族、横瀬《よこせ》氏といった上野国衆がぞくぞくと景虎に帰属していった。北条氏が上野への侵攻を進めているなかで、国衆は領国の危機を脱するため、景虎に従属したということである。

景虎の軍勢の勢いはとどまることはなく、正月には上野から武蔵に入り、二月には松山《まつやま》城（埼玉県東松山市）を落とした。二月下旬に、景虎は鶴岡八幡宮《つるがおかはちまんぐう》に勝利を

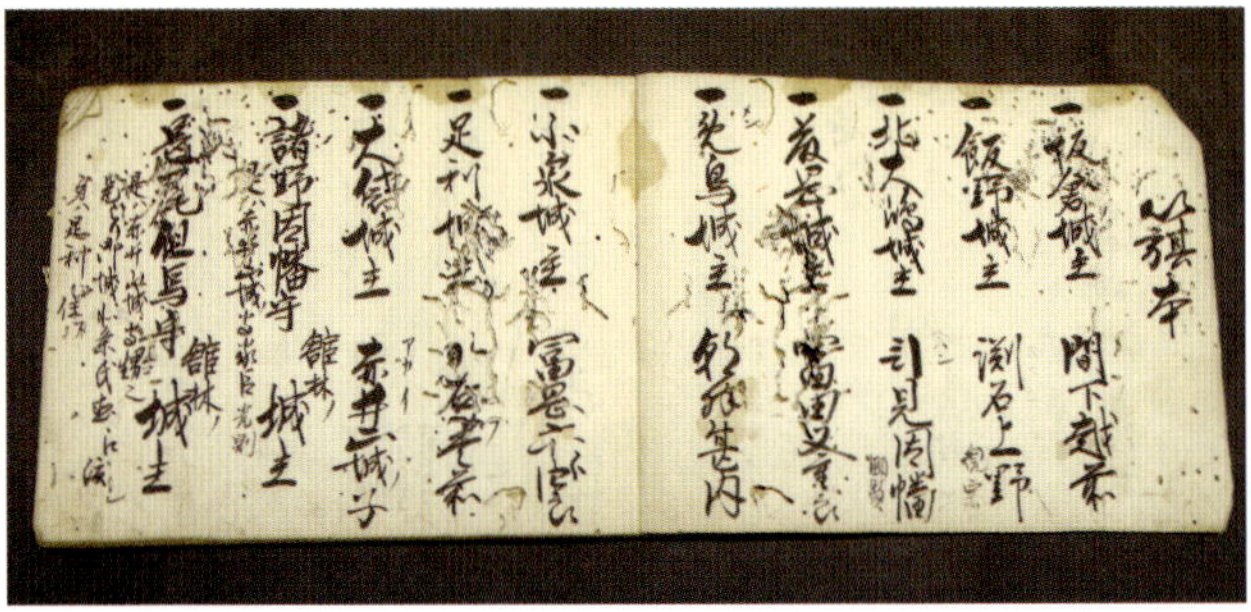

長尾顕長家来帳■足利長尾氏の当主但馬守がみえる　個人蔵

図4　謙信による小田原攻め要図

北条氏康画像■神奈川県箱根町・早雲寺蔵

祈願し、三月には越後と関東の軍勢が小田原城（神奈川県小田原市）を包囲している。このとき、里見氏の水軍が江戸湾をわたり、鎌倉に押し寄せている。

しかし、景虎の敵である武田勢が相模西郡河村《かわむら》（神奈川県山北町）に着陣し、駿河の今川氏も駿府（静岡市）を発ったこともあり、景虎はひとまず鎌倉へ撤退した。結局、景虎勢は小田原城下を放火するぐらいしかできず、北条氏は危機を脱したのである。『上杉家御年譜』などによれば、佐竹・小田《おだ》・宇都宮《うつのみや》各氏が、景虎に対して撤退勧告をしたという。

なお、永禄四年正月から三月の間に景虎に属した上野・下野・武蔵・常陸・安房・上総・下総の武将名を記した「関東幕注文《かんとうまくちゅうもん》」が作成された（上杉家文書）。「関東幕注文」からは、多くの武将が従属したことが読み取れ、景虎の関東侵攻の影響の大きさがわかるのである。

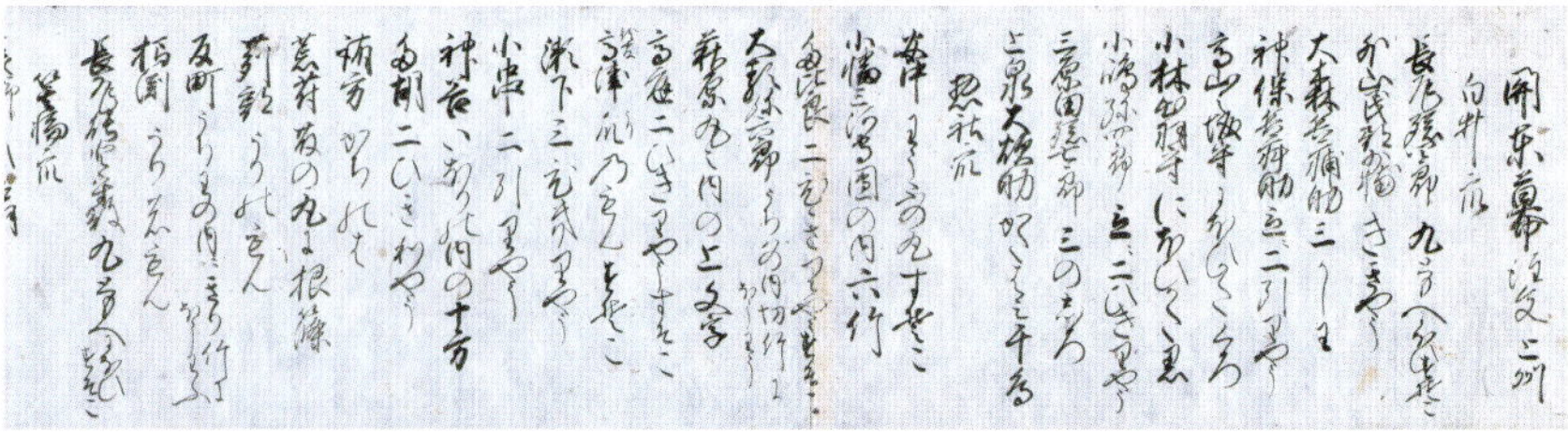

関東幕注文白井衆・惣社衆部分■「上杉家文書」 米沢市上杉博物館蔵

相模国小田原城絵図（部分）■北条氏が滅亡したあとの江戸時代前期の小田原城を描いている。比較的時代が近いことから、当時の面影をよく伝えている絵図である　国立公文書館蔵

■関東管領就任式と成田氏事件■

永禄四年（一五六一）閏三月、景虎は上杉憲政から上杉家の名跡と関東管領職を継ぎ、名乗りを上杉政虎と改めた。政虎の「政」は、憲政の「政」の一字拝領であ

＊国衆■一定程度の領域を一円的に支配するも、政治的・軍事的に独立できず、戦国大名に従属する領主のこと。

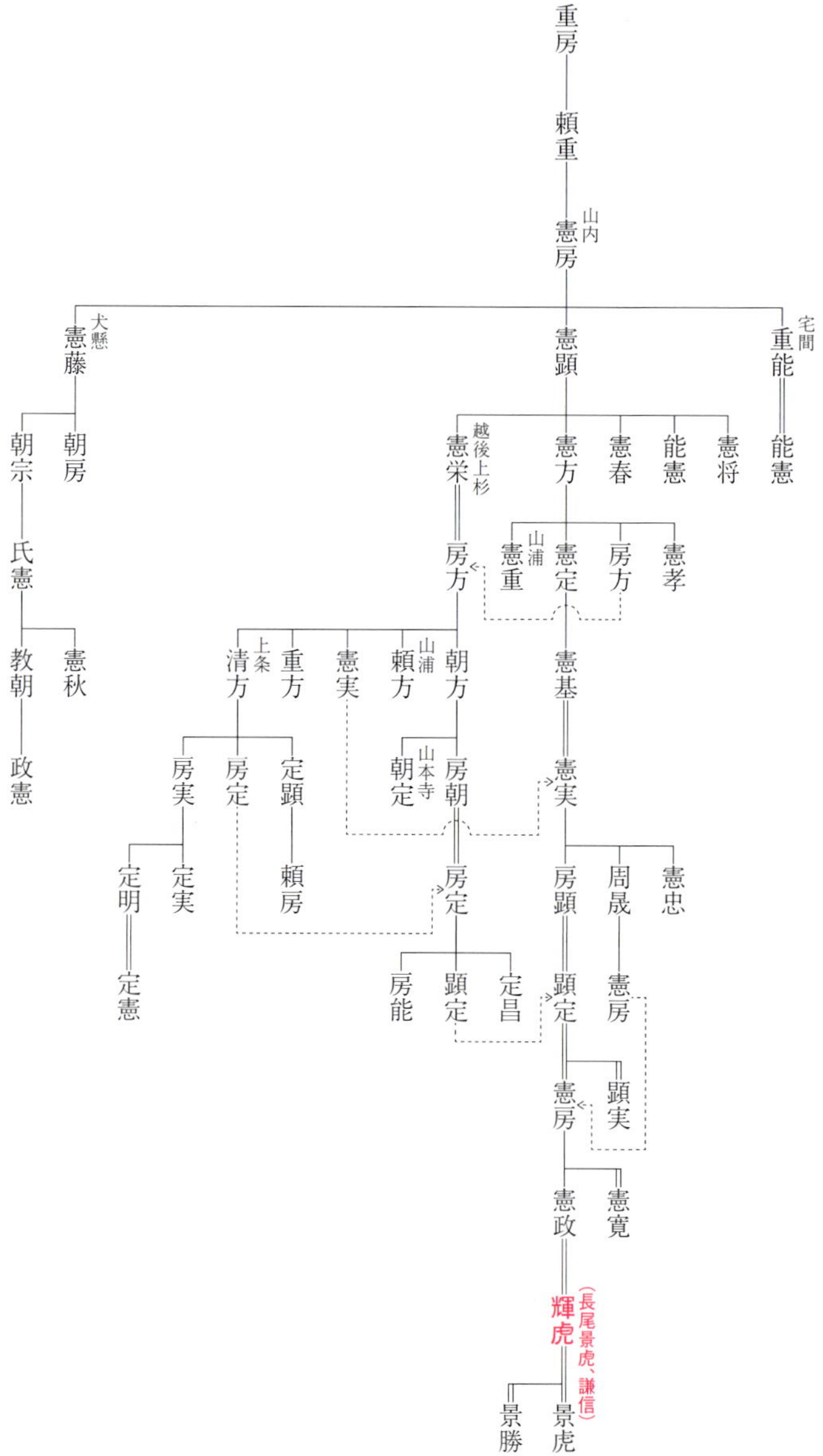

系図２　上杉氏略系図

る。関東管領職については、一度申し入れを断ったが、諸将が景虎を推薦したので就任したと述べている。これは、出奔騒動のときと似ており、同じ手法をとったといわれている。つまり、皆に選ばれた関東管領であると主張しているのである。

管領の就任式は、同年四月に鶴岡八幡宮の前で開催され、関東の諸将が多く参加した。政虎にとって、関東管領職は反北条派の武将から推戴されて就いた職であることにもっとも意味があった。政虎は、北条攻めの際に、反北条派の武将の軍勢を催促する権利を手に入れたといわれている。

ちなみに、これら関東の反北条派の武将を助けるために何度も軍勢を出したこともあり、「上杉謙信は義理堅い人」といわれることも多いが、そうとも言い切れない。これは、政虎の本国意識や戦国大名と「国衆*」の関係がヒントとなる。本国意識は、のちの越相同《えっそうどう》盟《めい》の際の国分け交渉でわかる。政虎（当時は輝虎）は、北条氏との国分け交渉のときに、上野国は山内上杉家の本領と主張している。第一部で触れたように、政虎が名跡を引き継いだ上杉憲政は、山内上杉一族であった。つまり、上野国への出兵は本国の防衛であったといえる。

「上杉謙信の拝賀」■謙信（景虎）が鶴岡八幡宮に参詣する場面を描く　寺崎武男画

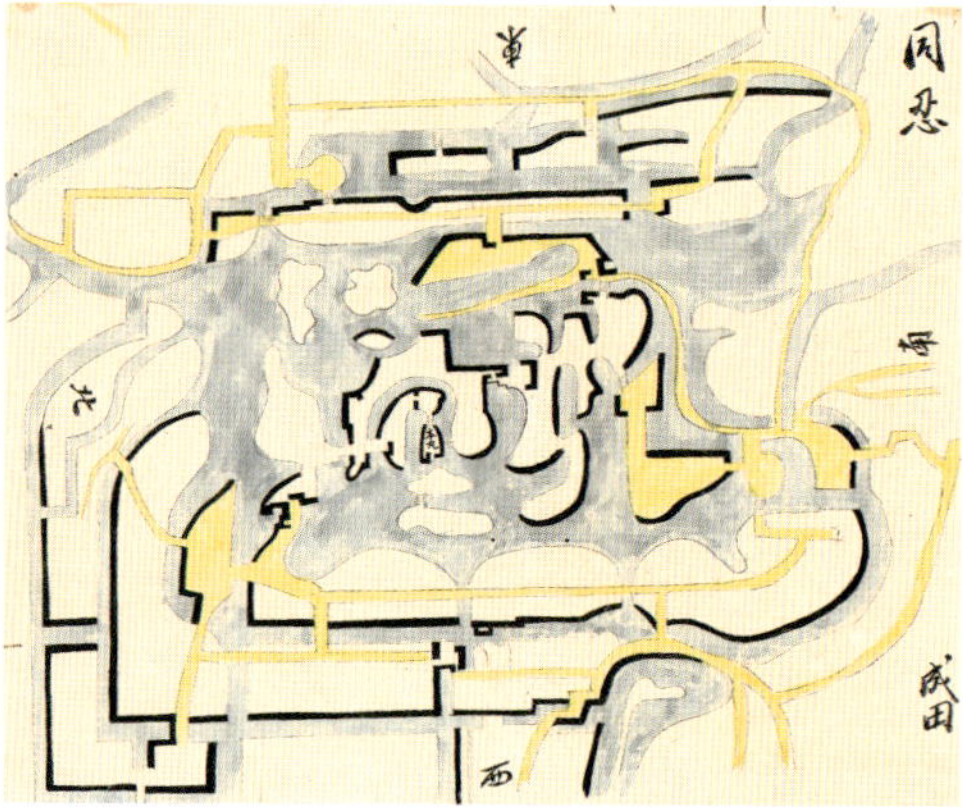

「近世城図」に描かれた忍城■成田氏が本拠とした城郭で湿地帯を利用した攻めにくく守りやすい城であった　※

それでは、ほかの地域はどうかというと、戦国大名と「国衆」の関係がポイントとなる。すなわち、大名は国衆の家中と領国の保護をし、国衆はその代わりに大名の軍事的動員に応じるという、双方が互いに義務を負っていた。「関東幕注文」でみえるように、政虎のもとには多くの武将が従属していた。彼らは政虎が軍勢催促をした際には、それに応じることが求められた。軍勢催促に応じないと、敵対と同じと考えられたからだ。

逆に、政虎の立場からいうと、軍勢催促に応じてくれる従属下の武将（国衆）の安全を保証しなければならなかった。国衆の領国が北条氏に攻められるなど危険な状況になったときは、それを救援するのが政虎の務めだったといえる。つまり、義理堅い性格というよりは、契約関係にあったから助けていたということになる。

とはいえ、危機に陥ったときに助けにきてくれるという、ある意味「義理堅さ」は、国衆に従属を選択させるうえで、必要に迫られてのものだったのかもしれない。そうした政虎の資質を知るうえで、江戸時代の軍記に記されたものではあるが、関東

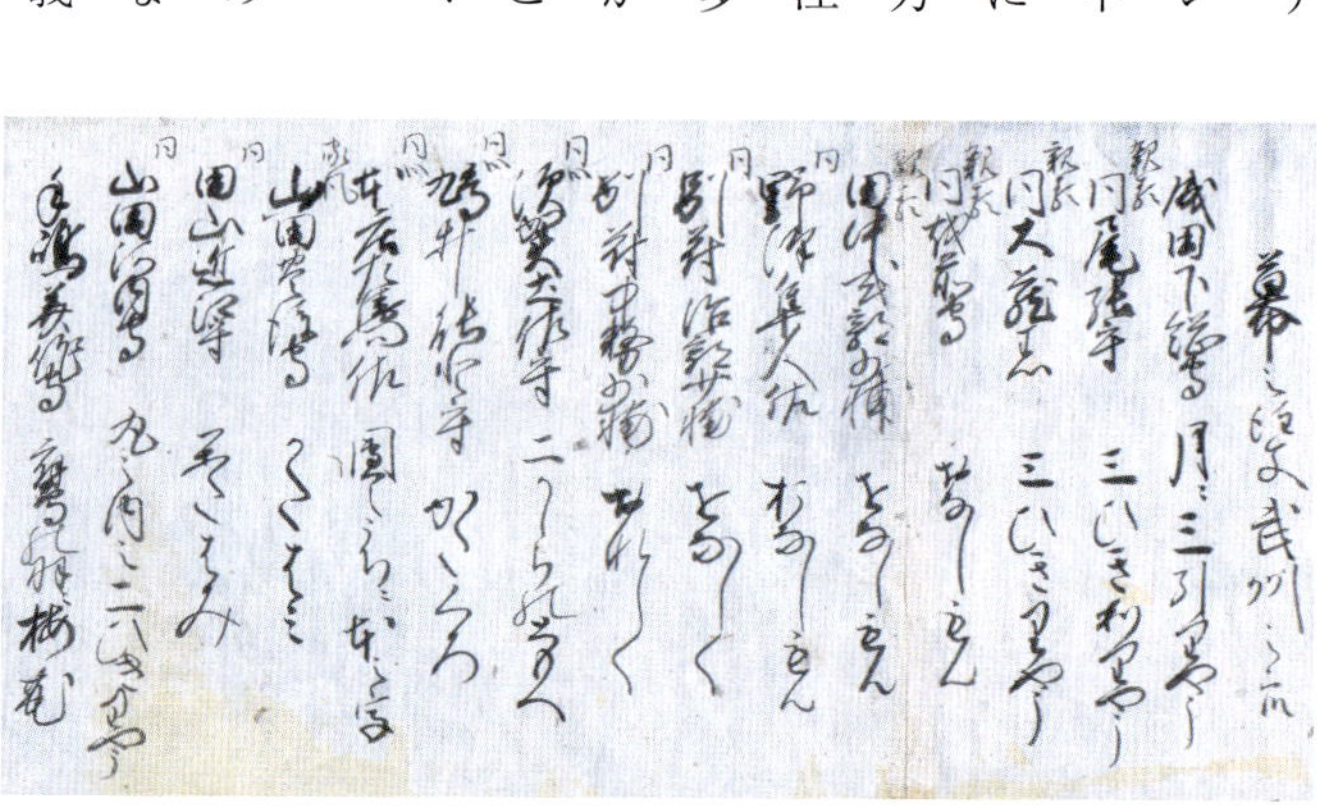
関東幕注文武州衆部分■武州衆の冒頭に成田下総守（長泰）の名がある　「上杉家文書」　米沢市上杉博物館蔵

管領就任式での事件を紹介しておこう（「異本小田原記《いぼんおだわらき》」など）。

事件は、政虎と武蔵国の国衆成田長泰《なりたながやす》との間で起こった。関東管領の就任式で、政虎の前でも下馬をしなかった長泰を無礼だと怒り、扇で長泰の烏帽子《えぼし》を打ち落とした。長泰は、成田家が藤原氏の流れをひく家で、祖先も下馬をせずに挨拶をした名門なので、古例に従っただけだと主張している。長泰はみなの前で烏帽子を打ち落とされたのは恥辱だとし、居城の忍城（埼玉県行田市）へ帰ってしまったという。

江戸時代の記録であるから、この事件はどこまで事実を反映しているかはわからない。実際のところでは、羽生《はにゅう》領をめぐる両者の対立があったらしい。なかには、政虎への従属を選択しなかった者もおり、それぞれが思惑をめぐらせながら、領国支配をしていたのだといえる。

■第四次川中島合戦――一騎打ちの虚像■

関東管領になった政虎が解決すべき問題は、関東公方を誰にするかであった。関東管領は、公方を補佐する立場であり、関東の支配や関東への出兵を正当化するためには、公方という「権威」をすえておく必要があった。当時の公方は古河《こが》城（茨城県古河市）を本拠にしていたので、「古河公方」と呼んでいるが、政虎が関東管領になったときは、北条氏綱《うじつな》の娘の子で氏康が擁立した足利義氏《よしうじ》であった。敵の北

古河公方義氏公墳墓の石碑と義氏の娘・氏姫の墓■茨城県古河市

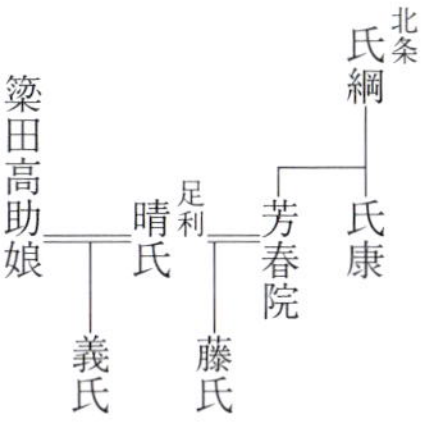

系図3　関東公方略系図

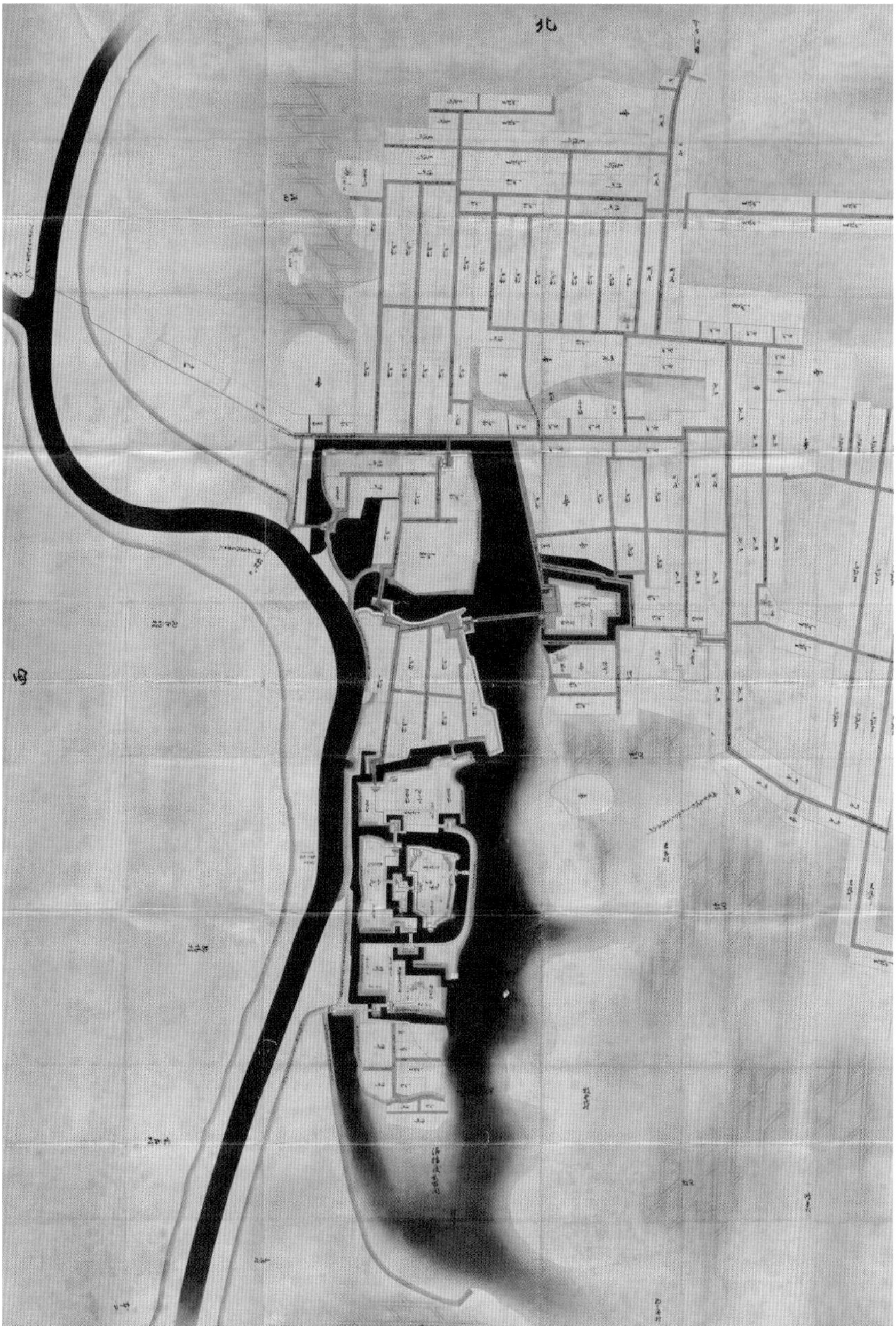

下総国古河城絵図（部分）■江戸時代前期に作成されたものだが、西に渡良瀬川が流れ、東には日光街道が走り、交通や物流の拠点となっていたことがわかる　国立公文書館蔵

条氏が擁立した公方だと、当然ながら政虎としては都合が悪い。そこで、義氏の弟の藤氏《ふじうじ》を関東公方として推戴し、古河城へ入れた。藤氏を推戴するにあたっては、古河公方の有力な家臣簗田《やなだ》氏の後押しがあった。景虎は、着々と関東の支配を進めていたのである。

加えて、強力なサポーターが古河城に入った。景虎とともに越後へ行くことを希望していた近衛前嗣である。前嗣は、景虎が越後に帰国してから約一年後に京都を離れることが認められていたのだ。

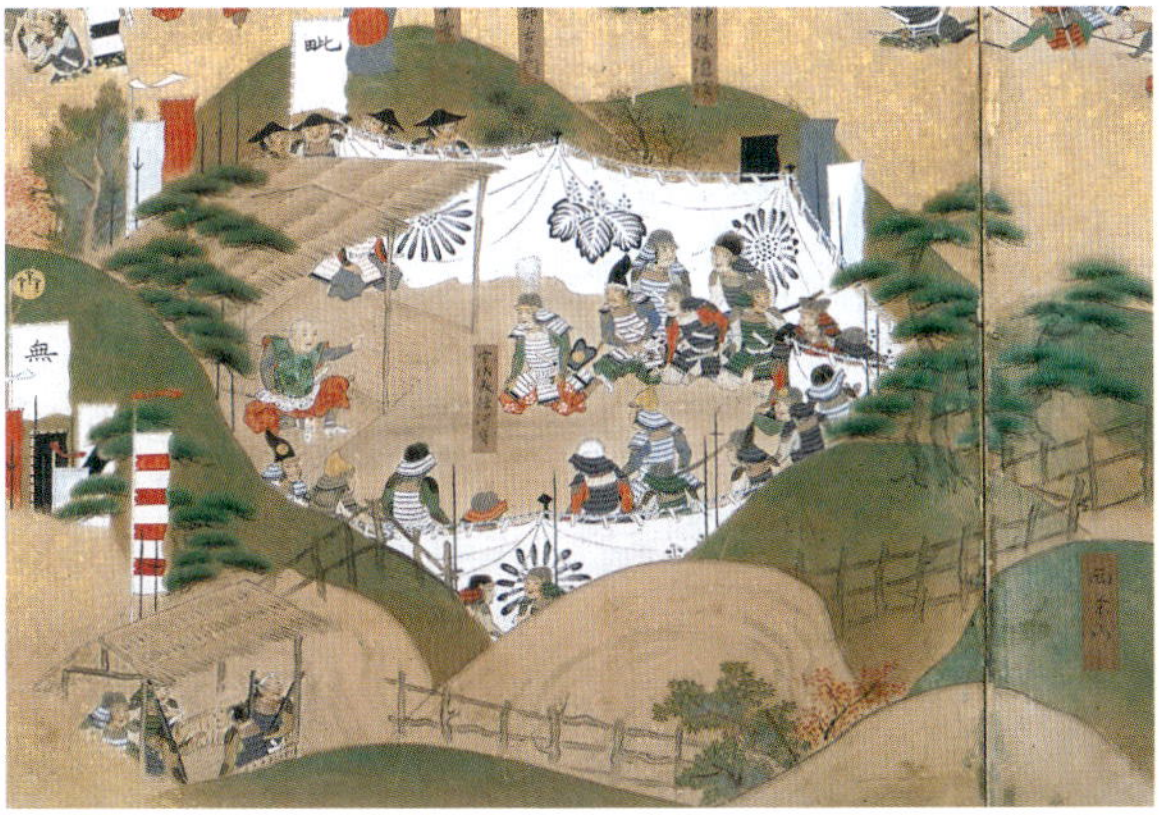
西条（妻女）山で評定する上杉軍■米沢本川中島合戦図屏風　米沢市上杉博物館蔵

景虎は公方足利藤氏・近衛前嗣・上杉憲政を古河城において、武田氏との合戦に備えるため、六月には厩橋《まやばし》城（前橋市）に引き上げ、同月二十一日は厩橋城を発ち、二十八日に越後へ到着した。

八月になると、四度目の川中島合戦を迎える。この合戦は、*『甲陽軍鑑《こうようぐんかん》』など江戸時代の軍記物に拠らなければならず、いまだに定説はない。ここでは、越後流軍学者によって十七世紀前半に作成

*甲陽軍鑑■甲州流の兵学書で武田信玄・勝頼の合戦記事を中心に業績・軍法・心構えなどを記している。

進軍する武田軍■米沢本川中島合戦図屏風　米沢市上杉博物館蔵

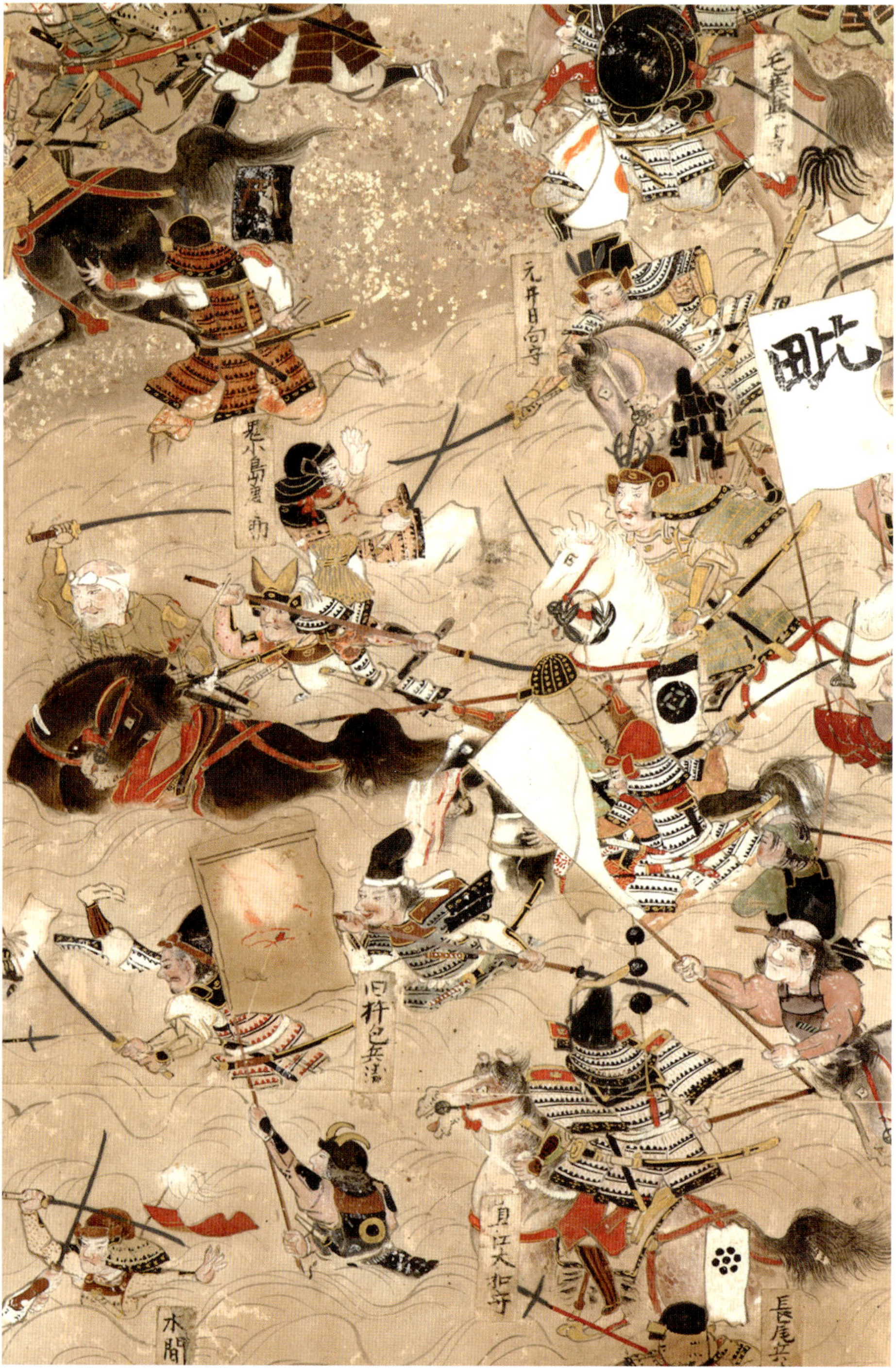
元井日向守
直江大和守
長尾

紀州本川中島合戦図屏風（部分）■よく知られた謙信の太刀を信玄が軍配で受け止める構図ではなく、両者が太刀打ちに臨んでいる図である　和歌山県立博物館蔵

決戦前夜の武田軍の拠点海津城■米沢本川中島合戦図屏風　米沢市上杉博物館蔵

されたという『川中島五箇度合戦之次第』と、それをもとに検討した矢田俊文氏の研究を紹介したい。

景虎は八月に川中島へ出陣し、妻女山《さいじょさん》に陣取った。一方、信玄は八月二十六日に川中島に着くと、下米宮《あめのみや》に陣取り、二十九日には海津《かいづ》城に入った。同じ日に、景虎は武田氏に扇動された越中一向一揆《いっこういっき》の動きを牽制するように、長尾政景に命じている（上杉家文書）。九月九日の夜、信玄は密かに海津城を出て、千曲川《ちくまがわ》を越え、川中島に陣取った。それを知った景虎は、子《ね》の刻《こく》（午前0時頃）に密かに川中島に出た。

そして、九月十日の朝、いまだ夜が明けきっていないとき、景虎方が信玄の陣へ向かっていったのである。武田方は、思いも寄らない方向から攻撃を仕掛けられ、驚いた。景虎は、八年前に信玄と太刀打ちして逃したことを悔しく思っていたらしく、旗本の軍勢を率いて、今度こそは、と攻めかかっていった。信玄が川を渡っていた

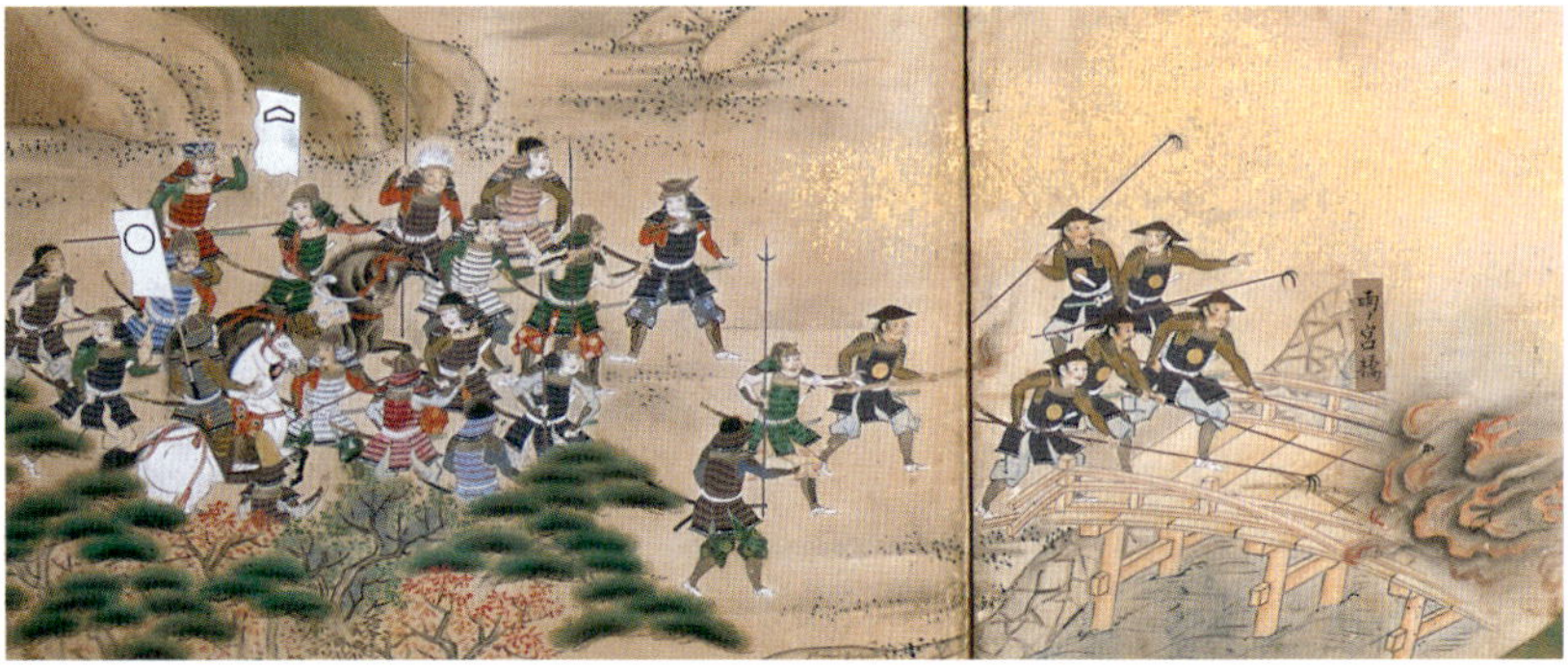

雨宮橋を落とす武田軍■米沢本川中島合戦図屏風　米沢市上杉博物館蔵

八幡原での両軍の激戦■米沢本川中島合戦図屏風　米沢市上杉博物館蔵

ところ、景虎が切りつけ、信玄も太刀を合わせたが、信玄の近習が間に入り、そのうち近づけなくなってしまったという。

のちに、江戸時代後期の歴史家で漢詩人でもあった頼山陽《らいさんよう》は、このときの様子を描いた「川中島合戦図屏風」（和歌山県立博物館蔵）をもとに、「鞭声《べんせい》粛粛《しゅくしゅく》夜河《よかわ》を過《わた》る、暁《あかつき》に見《み》る千兵《せんぺい》の大牙《たいが》を擁《よう》するを、遺恨十年一剣《いこんじゅうねんいっけん》を磨《みが》き、流星光底長蛇《りゅうせいこうていちょうだ》を逸《いっ》す」という漢詩を作っている。

すべてを記すことはできないが、これが『川中島五箇度合戦之次第』が描く、いわゆる第四次川中島合戦である。第四次川中島合戦は、両軍とも多くの犠牲者を出した激しい戦いであった。武田家では、信玄の弟信繁《のぶしげ》が戦死している。合戦後、政虎は家臣に対して、あなたの忠功は一生忘れないという文書を出している。

第四次川中島合戦は、ほかにも上杉軍の車《くるま》懸《がか》りの陣や武田氏の鶴翼《かくよく》の陣など、エピソード

生萱山へ撤退した信玄■米沢本川中島合戦図屏風　米沢市上杉博物館蔵

村上義清に討たれた武田典厩信繁■米沢本川中島合戦図屏風　米沢市上杉博物館蔵

に事欠かないが、ここでは一騎打ちについて触れておこう。実は、当時の史料で、景虎自身が太刀打ちしたと近衛前久《さきひさ》（前嗣改名後の名）に伝えたことがわかっている。しかし、信玄と太刀打ちしたとは書いておらず、あくまで信玄の軍の誰かと太刀打ちしたというだけで、合戦が激しかったという以外のことはいえないのである。

それでは、なぜ一騎打ちのエピソードが語られるようになったのだろうか。『上越市史』によれば、江戸時代に識字率が高まり、貸本業《かしほんぎょう》が成立すると、過去の合戦の内容を誇張した物語や創造の合戦記の本がよく読まれたという。当時の人が好んだ物語の一つが、川中島合戦であったというのである。そのなかで、刀で斬りかかる政虎（謙信）に対して、それを軍配《ぐんばい》で受け止める信玄という構図がたいへん好まれたらしい。この構図が諸本に挿絵とともに紹介されて、広まっていたのである。

こうして、一騎打ちのイメージが後世にまで伝わり、さらに謙信が信仰心の篤い人物と認識された結果、それら挿絵の謙信の姿の多くは、頭巾をかぶった法体《ほったい》である。実際には、このときの政虎は出家前であるし、大名自らが単身で相手の本陣に切り込むことは考えにくいので、法体姿で一騎打ちにのぞんだ謙信像は、フィクションと言わざるをえない。しかし、こうした戦に強く、信仰心の篤い人物像こそが、江戸時代以降に好まれた謙

龍虎相搏つ川中島■『國史画帖大和櫻』　個人蔵

信の「実像」であり、現在の謙信像がどのように形成され、継承されてきたかは今後も考えなければならない問題といえる。

■輝虎への改名、姉婿政景との別れ■

第四次川中島合戦後、その年の暮れには政虎から輝虎に改名した。「輝」の字は、将軍義輝から一字を拝領したものである。輝虎への改名後も関東侵攻を繰り返すが、ここでは代表的な出来事や合戦の紹介をする。

永禄五年（一五六二）、早くも関東の体制が崩れ始める。輝虎は、三月に佐野《さの》（栃木県佐野市）へ向かい出陣したのち、厩橋へ引き上げた。このとき、古河の上杉憲政と近衛前久を引き取り、後ろ盾を失った足利藤氏は、里見氏のもとへ身を寄せた。越後と古河では距離も離れており、古河が敵対勢力にさらされやすいことや、藤氏と前久の不仲などが分裂の理由らしい。輝虎は、四月初めまでには越後へ帰国したが、このとき前久は、輝虎の説得を振り切り京都へ戻ってしまった。一緒に越後へ行こうと誓い合ったほど深い仲だった前久の帰京を受け、輝虎は非常に腹を立てたのであった。

その後も輝虎は関東へ出陣し、下野の佐野氏を攻めたり、常陸の小田氏を攻めたりしながら、関東の計略に努めた。それは、輝虎の心情にもあらわれている。輝虎

川中島合戦戦死者供養塔■新潟県上越市・林泉寺

前橋（厩橋）城土塁■前橋市

彌彦神社■新潟県西蒲原郡弥彦村

は、氏康と信玄の退治を彌彦《いやひこ》神社（新潟県西蒲原郡弥彦村）などに祈願しており、とりわけ、信玄については犯した悪行を何ヶ条にもわたり書き上げている（上杉神社文書など）。戦への気持ちもいよいよ高まり、その思いを願文というかたちであらわしたといえる。こうした願文を捧げることは、家臣の士気をあげることにもつながっただろう（小和田一九九八）。

輝虎は、永禄七年七月に信濃へ出陣した。八月には犀川《さいがわ》を越え、川中島に着陣するも、長期対陣をしたのみで、十月に越後へ帰国した。これが第五次川中島合戦であり、これ以降、信濃で輝虎と信玄が戦うことはなかったという。輝虎の願文とは裏腹に、川中島合戦は静かに幕を閉じたのである。ただし、実際に古文書をみていくと、永禄十年（一五六七）八月にも北信濃で上杉軍と武田軍が対峙しており、第五次川中島合戦と呼ばれる戦い以降、両軍が戦うことはなかったという説は成り立たないようである（西川二〇〇七）。

なお、この間に輝虎を悲しませる事故が起こった。輝虎を支え続けてきた重臣長

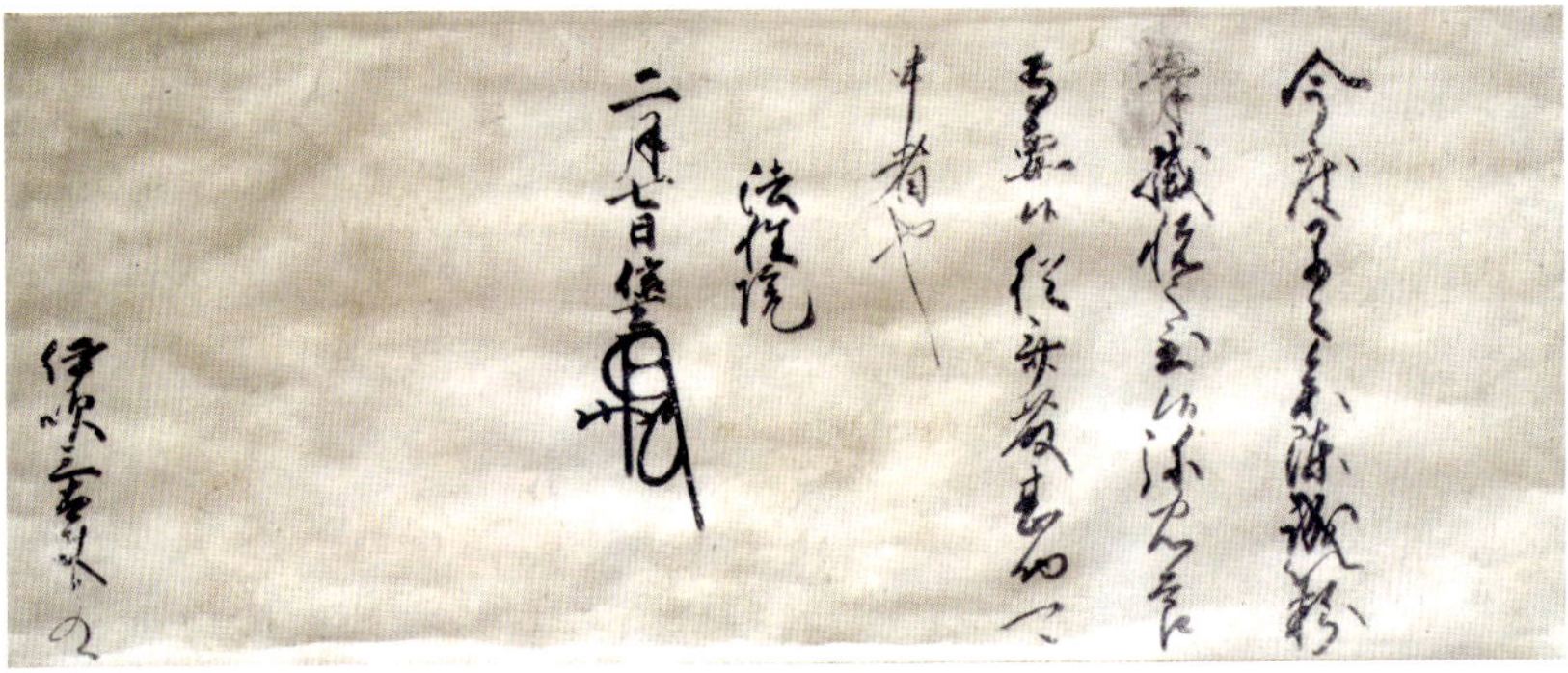

信玄の戦いに関わる感状■個人蔵

尾政景が、七月五日に信濃の野尻湖《のじりこ》（長野県上水内郡信濃町、坂戸城近くの野尻池という説もある）で溺死してしまったのである。事故とも事件ともいえるこの出来事は江戸時代の記録にしかみえないが、事の顛末は次のようである。

　政景は輝虎の姉婿だが、敵に内通していたらしく、それを知った輝虎が討ち取ろうとした。しかし、姉婿である以上、輝虎が直接手を下すのは外聞が悪いので、暗殺を命じた。暗殺の指示を受けた家臣の宇佐美定行《うさみさだゆき》（定満《さだみつ》）は、納涼の舟遊びと称して夜の野尻湖に政景を誘い、穴を開けた船に乗せて溺死させたというのである。

　暗殺説は多くの支持を受けているが、乃至政彦氏はこの事件をていねいに検証し、むしろ犯人はおらず、単なる事故死だったのではという結論に達している（乃至二〇一七）。川中島合戦の先遣隊であった政景一行が、甲冑を着用した状態で配

『絵本甲越軍記』に描かれた長尾政景■※

「越後十七将図」に描かれた宇佐美定行■個人蔵

野尻湖と琵琶島の風景■長野県上水内郡信濃町　琵琶島の宇賀神社には宇佐美定行（定満）の供養碑（経塚）がある

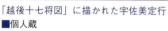

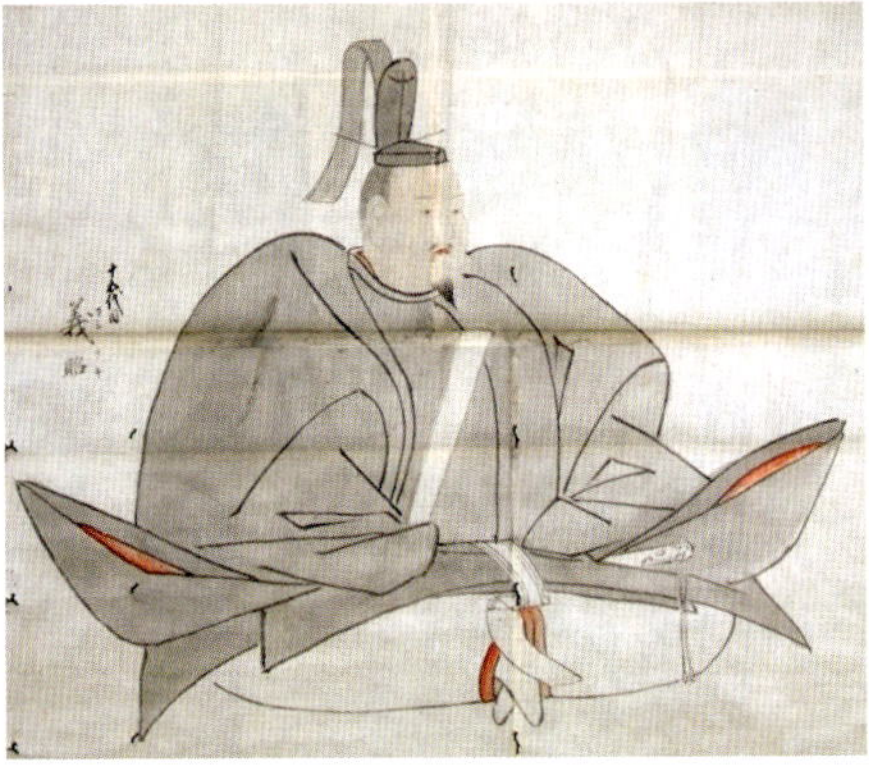

足利義昭画像■東京大学史料編纂所蔵模本

下と船に乗り、夜のうちに隠密裡に野尻湖を進もうとしたところ、何かの拍子に船が横転し、重装備の政景らが溺死したというのが乃至氏の主張である。

江戸時代の記録にしかみえないので判断は難しいが、やはり偶発的に起きた出来事と考えておくのが妥当だろう。少なくとも、姉婿という近親者を失ったことは、輝虎にとって大きな痛手であったことは確実である。

永禄八年五月十九日、さらなる悲報が輝虎の元へ届いた。将軍義輝が三好義継・同長逸・松永久通たちによって切腹に追い込まれたのである。京都では酒を飲み交わし、輝虎が領国支配を進めていくうえで支えとなった義輝の自害は、輝虎にとってショッキングな出来事であったろう。

義輝の跡には、弟の覚慶《かくけい》（のちの義昭）が擁立され、越前の戦国大名朝倉義景《あさくらよしかげ》などがこれを助けた。かつての将軍家との関係もあり、覚慶は自分の進退を輝虎に任せるとまで伝え、たびたび上洛の催促もしたが、ついに輝虎は動かなかった。関東や越中への侵攻などで余裕がなかったともいえるし、すでにこのときには、将軍家と関係を深めることが輝虎にとって魅力的なものではなかったのかもしれない。

三好義継画像■京都市立芸術大学芸術資料館蔵

「三好松永義輝公を弑し奉る」■『太閤記画譜』※

■次々に襲う悲劇■

悪いことはつづく。永禄九年になると、かねてから計画していた下総へ出陣をし、二月から三月にかけて、本土寺《ほんど》（千葉県松戸市）・意富比《おおひ》神社（船橋大神宮、千葉県船橋市）に越後と関東の諸軍勢が乱暴することを禁止した制札を出している。

臼井城跡■本丸（主郭）の土塁跡　千葉県佐倉市

そして、軍勢は下総国衆の原氏の居城臼井《うすい》城（千葉県佐倉市）に迫り、三月二十日には主郭近くまで攻め込む状況になった。まさに、落城寸前、虫の息といったところで、輝虎方の勝利は目前であった。しかし、背水の陣となった臼井原氏の兵が死力を尽くして戦った結果、上杉勢の撃退に成功したのである。輝虎勢の死者は数千人にものぼったといわれ、大敗北であった。

この敗北によって、関東の諸勢力が輝虎から離れていった。落城寸前まで追い詰めていたのにもかかわらず負けてしまった輝虎は、関東の諸勢力からみれば、頼りにならない人

意富比神社（船橋大神宮）■上杉軍は小金（松戸）―市川―船橋―大和田（八千代）―臼井という、いわゆる「下総道」で進軍してきた。道すがらにある寺社の境内は軍勢の駐屯地として利用されやすく、乱暴・掠奪をされてしまうことが多かった　千葉県船橋市

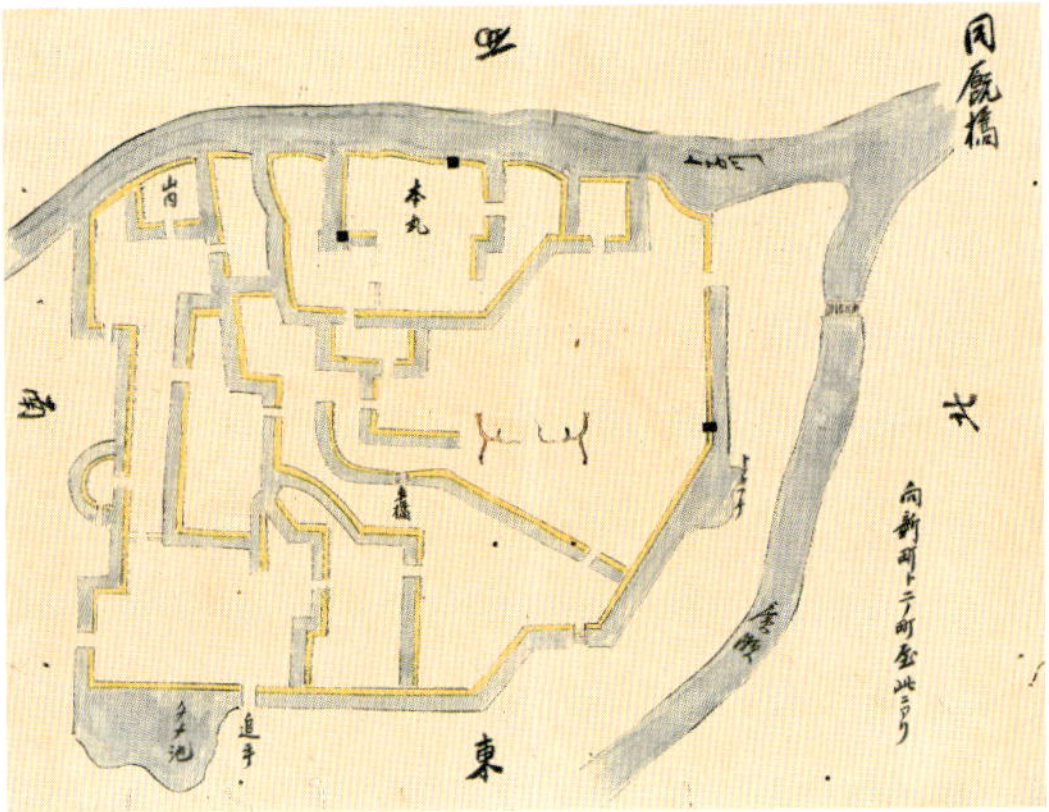

「近世城図」に描かれた厩橋城■※

物に映ったのだろう。この敗戦によって、輝虎に残された関東の拠点は佐野・倉内（沼田）・厩橋しかなくなってしまった。

このように、万事がうまくいかない輝虎であったが、永禄九年五月九日付けの願文（上杉家文書）では、自身の短気・軽率な性格をやめて、健気（勇ましく気丈な様）を心懸けるようにしたいと述べている。戦争で負けたりしても、どっしりと構えて行動したいという心懸けだろう。

しかし、短気を直したいと言っていた矢先、輝虎の逆鱗に触れる事件が起こった。永禄九年の暮れに、残された拠点の一つである厩橋城を預かっていた北条高広《きたじょうたかひろ》が、輝虎から離反してしまったのである。高広は輝虎の家中でも中心的な立場にあった一人であり、そのため、輝虎方の関東の最前線である厩橋城を任せていたのだ。こうした高広の動向に対し、輝虎は怒りを隠しきれず、「天魔《てんま》の所行《しょぎょう》」と述べている（京都大学総合博物館所蔵文書）。

永禄十年十一月になると、輝虎の手にあった唐沢山城（栃木県佐野市）も手放す

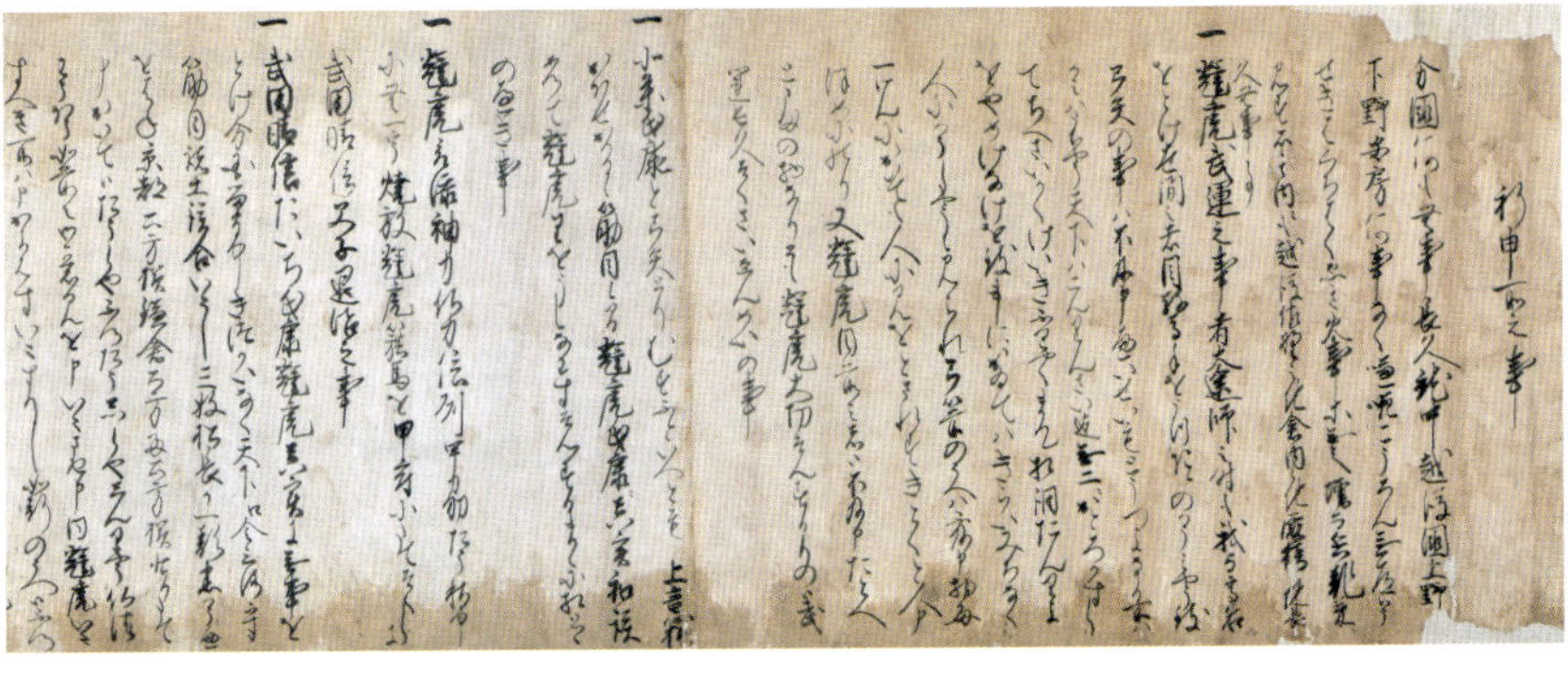

ことになり、関東の拠点が沼田《ぬまた》城（群馬県沼田市）のみという状況になった。翌十一年の輝虎の文書では、唐沢山城を明け渡したことでさえ無念であるのに、沼田までも攻め落とされたら天下の笑い者になると焦りと嘆きが述べられている（越佐史料巻四所収）。しかも、同年には越後国衆の本庄繁長《ほんじょうしげなが》が離反して、本拠村上《むらかみ》城（新潟県村上市）で挙兵した。輝虎にとって、永禄年間の後半はふんだりけったりで、うまくいかない時期であったといえる。

それなのに、将軍義昭は上杉・武田・北条が和睦して上洛を手助けするよう指示してきており、輝虎は正直なところ、そんな余裕がどこにあるのかといった苛立ちの心持ちであったのではないだろうか。

「集外三十六歌仙」に描かれた今川氏真■姫路市立美術館蔵

そのようななか、大きな情勢変化が訪れた。武田氏が、同盟関係にあった今川氏を攻めたのだ。今川氏は、武田領国に対して塩の輸出を停止するなど、一種の経済制裁にでた。なお、塩の輸出を止められた武田氏に対し、輝虎が塩を送ったとする逸話がある。いわゆる「敵に塩を送る」のもとになった話である。しかし、当時の史料では

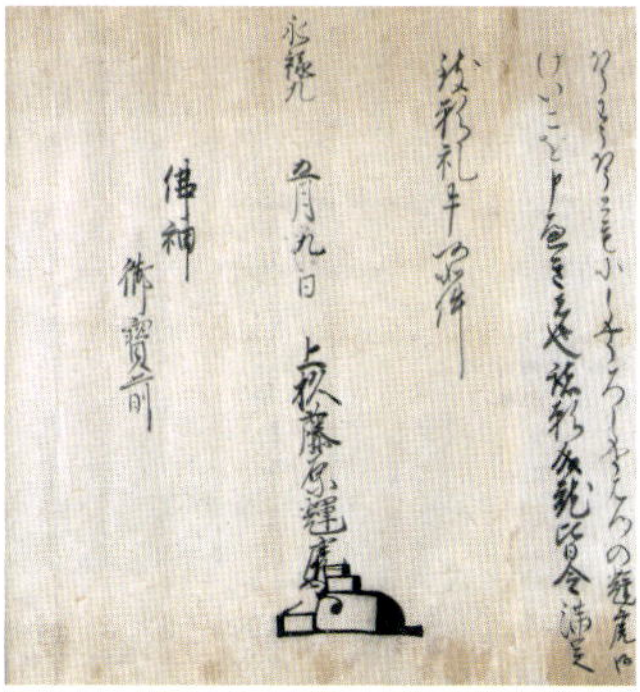

永禄九年五月九日付け上杉輝虎願文■「上杉家文書」米沢市上杉博物館蔵

村上城跡■新潟県村上市

確認できず、信玄との一騎打ち同様、後世に形成されたものかもしれない。

なお、塩の輸出停止は、信玄の侵攻をとどめるだけの効果はなかったらしく、信玄の攻撃に対応しきれなかった今川家では、当主氏真《うじざね》の室で氏康の娘である早河殿《はやかわどの》が、輿にも乗れずに逃げるという有り様で、武田・今川と同盟を組んでいた北条家当主氏康は、「この恥辱はそそぎがたし」と、怒りを爆発させた（歴代古案二）。こうして、武田・今川・北条の同盟関係は破綻し、北条氏は上杉氏と和睦して、同盟関係を結ぼうとする動きに出たのであった。

■都市支配と町人との駆け引き■

上杉氏と北条氏の和睦・同盟の話題に入る前に、輝虎の戦争を支えた自国の支配について紹介しておく。戦争をするにしても、越後の領国経営が立ち行かなければ、そもそも軍事活動もできない。輝虎が村や町に出した文書は、たとえば北条氏と比べると多く残っていないが、ここでは都市の支配について考える。

永禄三年（一五六〇）五月十三日付けで、*府内に対する命令が出され（上杉家文書）、輝虎（当時は政虎）の家臣四人が署名した。そこでは、冒頭で府内の町人への税について述べられている。

府内にはこれまで、臨時の税や新たな税を課してこなかったが、町人は日に日

宿敵の領内に塩を送る謙信■謙信が信玄に塩を送ったという同時代の記録はないが、後世に美談として語られるようになった。なお、江戸時代の記録『関八州古戦録』では、信玄が死去したと聞いたときに食事中の謙信は箸を投げ捨て、良い好敵手を失ったと涙を流したとある　『國史美談教訓画蒐』　個人蔵

に困窮していると聞く。これを受けて、輝虎は一つには困窮への哀れみ、もう一つには困窮による外見をはばかり、困窮の原因を探るという判断で、古くから町人に課してきた税を五年間免除する。

町人に対して、規定の税以外に臨時や新規の税を課していない、つまり、町人を苦しめているのは輝虎側ではないと暗に主張しつつ、五年間にわたり税金を免除したのだ。この文につづき、町人が寺社や輝虎の家臣へ納める税、直江津に入ってくる船頭や馬で荷物を運ぶ運送業者に課していた税、清酒・濁酒・麹の製造販売に関する税、町人による除雪作業、薬座や茶の販売に関する税など、実に多くの税の項目について取り決めをしている。

なお、永禄三年は、天候不順の年であった。上田庄・妻有庄《つまり》（新潟県十日町市等）・藪神《やぶかみ》（新潟県魚沼市）では水害によって田畑が被害を受けたようで、輝虎は村に対して、借金の帳消しなど「徳政《とくせい》」をおこなった（上杉家文書）。「徳政」は文字どおり、徳のある政治という意味であったが、戦国時代には負債の帳消しを意味する言葉になっていた。戦国大名は自然災害や戦災によって、村や町が立ち行かない状況になると、ときに「徳政」をしたり、期限を設けて税金を免除したりした。

戦国大名はあくまで、支配領域の村・町・寺社の保護をしてこそ戦国大名たりえたのであり、けっして一方的な支配ではなかったのである。輝虎もそのように村・町・寺社に目を向けて、支配をおこなっていたといえる。

＊府内■府中とも称された。府内は越後守護上杉氏の拠点で、守護や守護被官の影響が強くおよんだ地域で、至徳寺をはじめ宗教施設が多く集まっていた。さらに、直江津は日本海側でも有数の湊であり、府内は港湾都市でもあった

府中八幡宮■代々の越後守護や守護代が信仰し、輝虎署名の扁額を所蔵するなど、輝虎の府内支配を知るうえで重要な神社である　新潟県上越市

春日山城からみた府内（直江津）と日本海■写真提供：上越市観光振興課

しかし、町人の保護をしていると考えられる前述の命令に反発したのは、町人自身であった。永禄三年八月二十五日付けの蔵田五郎左衛門《くらたごろうざえもん》（尉）宛て景虎判物（伊佐早謙採集文書）では、府内支配の差配をしていた蔵田の指示に、町人たちが従っていないことがわかる。府内の町人が反発した理由は、税金の免除といった復興を名目に、府内に掟を制定し、上杉の直轄領にしようとする輝虎の方針にあった。

府内の住人を直接支配しようとする輝虎に対して、それまでの寺社・給人《きゅうにん》（家臣）との関係を断たれ、ややもすれば、輝虎からの新たな税などを課されることもあると考えた町人は、素直に従うという選択をし

「越後国頸城郡絵図」に描かれた町や村■直峰城（上越市）周辺の安塚町や村々がみえる　米沢市上杉博物館蔵

なかったのである。

実際に、町人にはその後、府内の夜番などの治安維持や軍役が新たに設定されている。戦国大名の支配が、支配される側との合意によって成立することがわかる事例といえよう。輝虎も町人を保護しつつ、徐々に治安維持や軍役などを課して支配を進めていったのであった。

そうした府内支配を担ったのが、蔵田五郎左衛門尉であった。五郎左衛門尉は伊勢神宮の御師《おんし》出身で、越後で青苧《あおそ》商人をしていた。伊勢神宮の御師は地方の信徒《しんと》（旦《だん》那《な》）先を廻り、伊勢神宮のお札を配り、初穂《はつほ》の上納米銭の徴収にあたっていたもののことである。五郎左衛門尉は通称であり、輝虎とその跡を継いだ景勝に、三代にわたり五郎左衛門尉が仕えたことがわかっている。

蔵田氏は越後青苧座役の徴収権を掌握し、突出した財力を有した存在となり、上杉家の御用商人になったのである。輝虎は、輝虎の家臣にありながら商才を持つ蔵田氏の特性を生かして、さまざまな税金や商売がかかわってくる府内支配の差配を任せたのであった。

府内（直江津）の図■金子拓男氏作成の図を参考にした

越後布で仕立てた袈裟■越後布は青苧で織られたもので、衣料として貴重であった　新潟県十日町市・長楽寺蔵　写真提供：十日町市博物館

▣自由に商売できる町づくり▣

もう一点、輝虎の都市支配の事例をみてみよう。現在の新潟県のほぼ中央に位置し、北国街道《ほっこくかいどう》の宿場町や北前船《きたまえぶね》の寄港地など、交通の要衝として栄えた柏崎《かしわざき》（柏崎市）に対して、輝虎は永禄七年（一五六四）四月二十日付けで制札を出している（上杉家文書）。そこでは、柏崎町で商売するために町外から出入りする農民や商人の牛馬や荷物に、柏崎の町人が新たな税を課すことを禁止している。税をかけられるからと柏崎を避ける商人たちのことを考え、商売が活発になるように税の撤廃を図ったのだ。

さらに、柏崎に住む町人が「宿《しゅく》」と呼ばれる居住区を離れ、それぞれ自由に居所を構えて、決められた地区に住もうとしないことを咎めている。柏崎の町人は、近隣の領主と結びついて、居住区を離れてしまっていた。本来いるべき者たちがいない町は廃れる一方であり、輝虎は帰住するように命じている（上杉家文書）。柏崎には蔵田のような管理者がいなかったようで、町人の自治組織で運営されていたようだ。それゆえ、町人がそれぞれ勝手な振る舞いをするため、柏崎の町が衰退してしまったのである。

しかし、町人もなかなか従わなかったようで、輝虎はさらなる手を打った。永禄九年五月十三日付けで輝虎の家臣が柏崎百姓中（町人衆を包括した、より広範な自治

「越後国頸城郡絵図」に描かれた八崎村
■米沢市上杉博物館蔵　八崎村は現在の柏崎市米山町に位置し、柏崎の交通・軍事の要衝であった。

組織と考えられている）に対して、これまでの税の滞納分の支払いを免除するから、町人を居住区に帰住させるよう命じている。税の免除と引き替えに、なんとか町人をもとの居住区に住まわせて、柏崎の復興を果たそうとする輝虎の姿がみてとれる。

一方、それを坊害していたのが近隣の領主であった。近隣の領主にしてみれば、町人を自らの支配下に置き、禁止されていると記した柏崎に出入りする商人たちに課した税を徴収したかったのだろう。柏崎町の町人を統制下に置こうとする輝虎は、近隣の領主にとって歓迎できない存在であったということである。

これに対して、輝虎は従来の関係を一掃し、自由に商売できる町づくりをして、経済の活性化を図ったのであった。そのためには、税金の免除など譲歩を示しつつ、自治組織で運営されてきた町を自らの統制下に置こうとしたのであった。それは、町や都市に集まる金銭をはじめとした富の徴収であり、富を基盤とした軍事活動を展開するためであったといえる。

加えて、直江津の湊を擁する府内や、同じく港湾都市といえる柏崎の掌握は、流通の要衝をおさえるという方針であったことを示している。輝虎は、流通・経

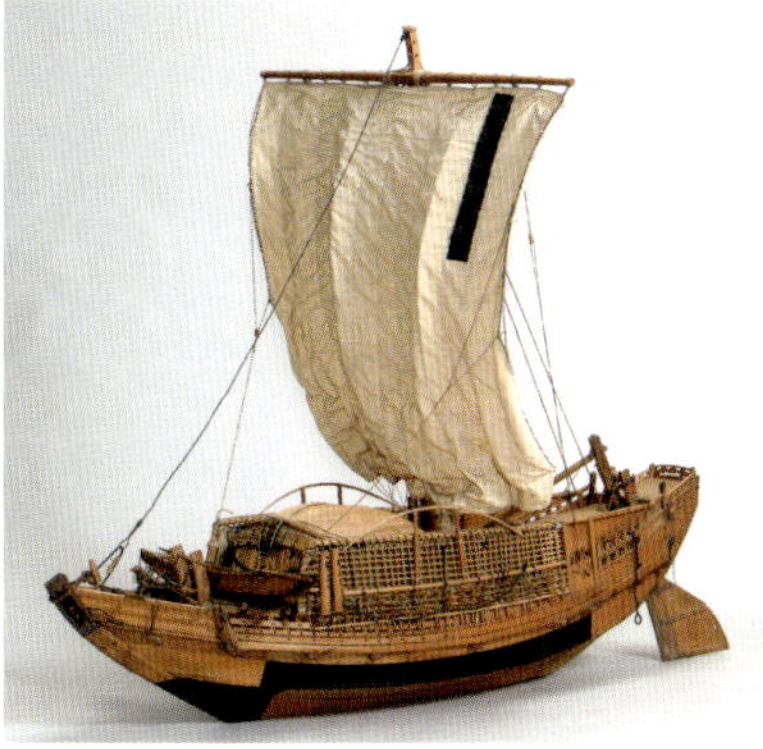

北前船模型琴平丸■江戸時代以降に日本海海運で活躍した廻船であり、発展の前提に輝虎の施策があった　石川県立歴史博物館蔵

鉢崎関所跡の全景（右）と跡地の碑（左）■戦国時代、鉢崎関所はこの地域の戦略的拠点であった旗持城を擁する旗持山山麓が海に迫っているという地の利を生かし、軍事・治安上の要衝であった　新潟県柏崎市　写真提供：柏崎市商業観光課

済の活性化を考えた人物であり、現在につづく基盤を築いた大名であったと評価できるのである。

■戦争で見せる輝虎の「顔」■

間接的にではあるが、軍事活動では掠奪も、資源確保という意味では重要であった。越後の町や村を維持・発展させるのはもちろんだが、徳政の事例でみたように、災害や飢饉にさらされることもあるので、出陣先での食料確保が間接的な財源となったのである。

軍事活動での食糧確保については、「口減らしの戦場」と称し、輝虎が関東へ侵攻する時期が、晩秋から冬に出かけて年末に帰るパターンと、晩秋から冬に出かけて戦場で年を越し、春か夏に帰国するパターンの二パターンに集中していることを指摘されている（藤木一九九五）。

稲作のサイクルを想定してもらえばわかるが、地域によって差異はあるものの、おおまかに言えば春に苗を植えて、秋に収穫するという流れである。つまり、秋の収穫前の春・夏は端境期と呼ばれる米が不足する時期だったのである。そのため、秋の収穫時期を狙い、他国に侵攻して食料確保を図り、「口減らし」をしていたのではないだろうかというのが藤木氏の主張であった。

小田城跡歴史ひろば航空写真■小田城は鎌倉時代に築城され、代々小田氏が城主を務めた。戦国時代は小田氏と他勢力の間で城の奪い合いが何度も繰り返された　国指定史跡　茨城県つくば市　写真提供：つくば市教育委員会

たとえば、侵攻先の相模をはじめとした北条領国が「山野の体」（妙本寺文書）、「侍・人民共に退転《たいてん》（困窮してほかの地に移ること）」（箱根神社文書）、「亡国《ぼうこく》」（赤城神社年代記録）といわれるように、掠奪などの被害でさんざんな状態となった。さらに、永禄九年に輝虎が常陸小田城（茨城県つくば市）を攻略したときには、「小田開城、カゲトラ（景虎）ヨリ、御意ヲモツテ、春中人ヲ売買事、廿銭・卅弐程致シ候」（「別本和光院和漢合運」）とみえる。

これは、輝虎の許可を得たうえで、人身売買がされていたという意味で、相場は一人あたり二十銭から三十銭ぐらいであったとわかる。値段について、安い・高いは一概にいえないが、人身売買がされていたこと自体が戦争の時代であったことを物語るといえ、輝虎もそうした掠奪や人身売買を認めていたのだ。

ただし、「口減らしの戦場」や輝虎による人身売買の認可については、否定的な見解もある。「口減らしの戦場」に対しては、輝虎が冬季に雪で軍を動かせなかったことを重視すべきであるとか、飢餓にある側の軍隊が、戦争準備に必要な物をどう確保したか、また、敵地に掠奪可能な諸物資が存在したのか、といった疑問が寄せられている。これは、季節性を強調しすぎなのではないか、ほかの地域も飢饉状態なのに、どうして輝虎側だけが食えるのかといった主張である。

人身売買についても、職人を一日五十文で雇っている事例や人足の手当が一日二十文であった事例を紹介しつつ、武田領国では二〜十貫文という、輝虎のケース

「大坂夏の陣図屏風」に描かれた乱取りの場面■こうした乱取りは、どこの戦場でも行われていたことであった　大阪城天守閣蔵

より十倍以上の相場で人が売買されていることから、輝虎はむしろ利益など求めず、安い価格で身内が買い戻せるようにしたという説が出されている（乃至二〇一七）。これは、人身売買などではなく、戦争のなかで受動的に転がり込んできた捕虜を解放していたのではないかという主張である。

　このように、輝虎の戦争の目的と実態はいまだ解決には至っていない。しかし、戦国時代では敵領の稲を刈り取って味方の兵糧にしてしまったり、田植えをしたばかりの田を荒らしてしまったりといったことが、当然のごとくおこなわれたのだ。輝虎だけが義のために侵略することなく、戦争をしていたとはいえないのではないだろうか。

　先にみた本土寺のように、越後と関東の軍勢が乱暴することを禁止してほしいと訴えているのは、裏を返せば、彼らが掠奪といった乱暴行為を働いていたことにほかならない。たしかに、食うために戦争するという一面を取り上げると、戦争の目的がそこにあるかのように思われるが、戦国大名にとっては、侵攻先の稲を刈り取り食料にしたり、田を荒らすことが重要な戦略だったのである。相手にすれば、本来は自国の兵糧になるべき食料が敵のものになったり、計画では取れるべき米が手に入らなくなったりするので、ダメージは大きかったといえる。

　輝虎は戦争となれば、掠奪もするいわば「鬼の顔」をした一方、戦場から甥の喜平次《きへいじ》（のちの景勝）に宛てた手紙（上杉家文書）では、「優しい顔」がみてとれる。

塩崎村の百姓が上杉軍の荷駄隊を襲う場面■塩崎村（長野市）の百姓のように米を奪い合うこともあった。禁制を大名からもらっても村の防衛は村自身でしないといけなかった　「米沢本川中島合戦図屏風」　米沢市上杉博物館蔵

この手紙のエピソードは有名であるが、改めて紹介しよう。年次は不明だが、これまでの研究で永禄九年の関東侵攻中に、幼い景勝に宛てたものではないかといわれている。内容は、次のようなものである。

詳細なお便り、とくにお守りとしての巻数《かんず》（僧侶が読んだお経の名称や数量を記録し、依頼した人に送った文書）が届き、たいへん喜んでいます。こちらもまもなく用件を済ませて帰国しますので、そのときにいろいろ話しましょう。かえすがえすお便りを喜んでいます。景勝の書の腕がいよいよ上達したので、習字の見本を送ります。

上杉景勝画像■米沢市上杉博物館蔵

この手紙では、甥の景勝からの便りと巻数（おそらくは戦勝を祈願したもの）が届いたことに喜んでいる輝虎の気持ちが記されている。とりわけ、景勝の字が上手になったことに対して、今度お手本を送りますねと言っているあたりは、日に日に成長する甥っ子に目を細めている輝虎の表情が浮かんでくるよ

春日山城の景勝屋敷跡■新潟県上越市　写真提供：上越市観光振興課

うだ。

景勝は父の突然の死という、思わぬかたちで上田長尾氏の当主となり、上田衆を指揮する重責を担っていた。輝虎はそのような甥に目を懸け、いずれは上杉家を支えてくれる人物になるよう期待していたのだろう。実際、その後の景勝は越中国衆の上杉家従属を仲介したり、若いときから活躍する存在になったのであった。

輝虎は大名家の当主であり、多くの家臣や「国衆」を率いて戦乱を勝ち抜いていかなければならない立場にあったことから、ときに厳しい態度で戦場に臨まなければならなかった。そのような輝虎に安らぎを与えていたものの一つとして、景勝が一生懸命書いた手紙があったといえる。さまざまな顔を使い分けながら、戦乱に立ち向かっていたのが輝虎という人物なのであった。

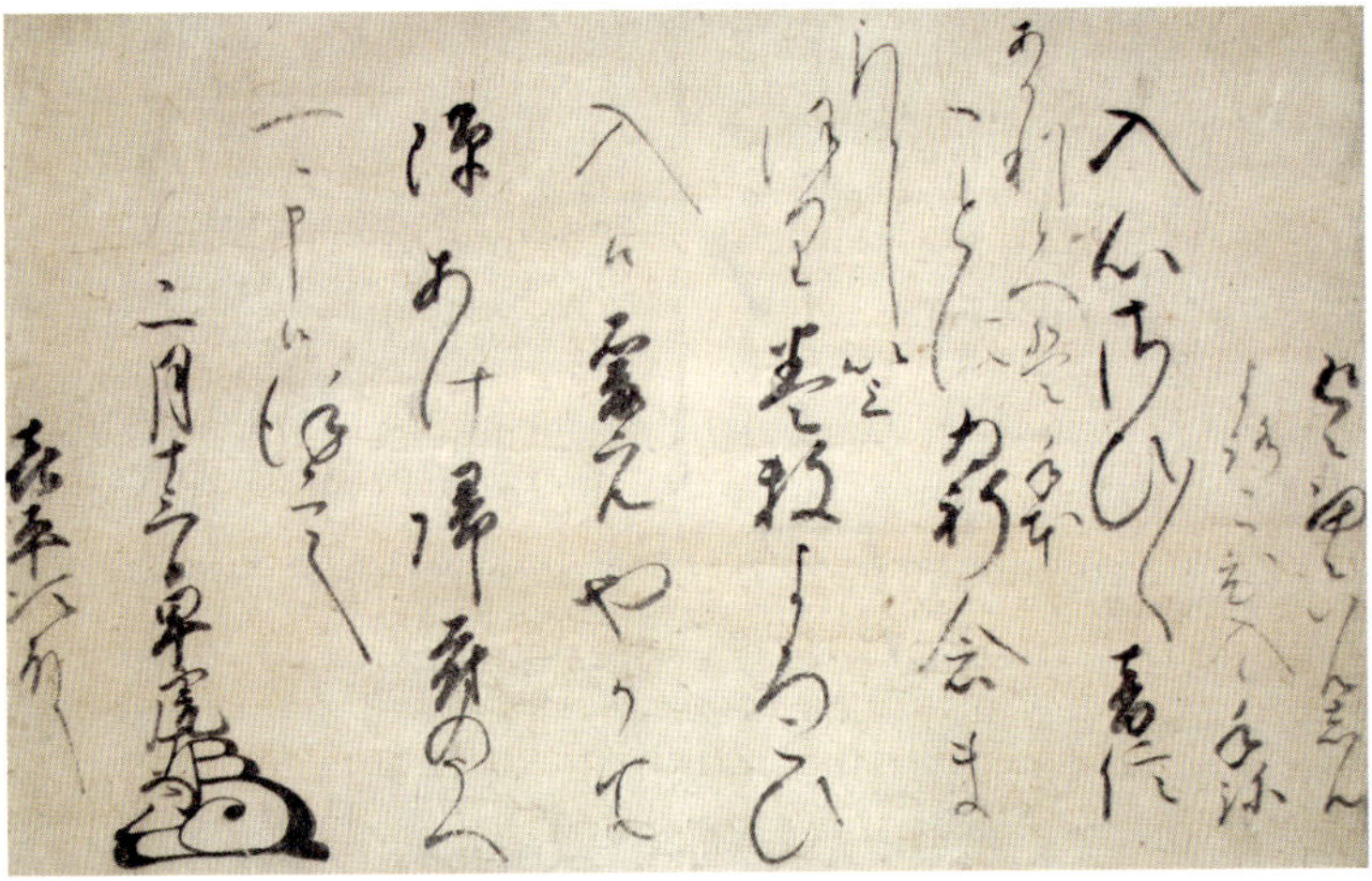

年未詳2月13日付け喜平次（景勝）宛て上杉旱（輝）虎書状■署名の旱虎は輝虎のことで、相手が子どもであることから大きくていねいな文字で手紙を書いている　新潟県立歴史博物館蔵

第二章 北条・織田・徳川と渡り合う

小田原北条氏と同盟を結ぶ

永禄十二年（一五六九）になると、北条家から同盟の意思を伝える連絡が頻繁に届くようになった。輝虎も、武田氏と連携した本庄繁長に対応している状況であり、北条氏と結ぶメリットはあると判断したようだ。二月になると、上杉氏は和平の提案を受け入れ、同盟相手の北条氏政《うじまさ》が誓書《せいしょ》を書いて使者を派遣している。しかし、反北条派であった里見氏や佐竹氏などは、同盟に否定的であったらしい。輝虎も同盟にあたっては、難しい判断をしなければならなかったのである。

もともと長い間戦っていた同士であるために、同盟条件の交渉は時間がかかった。しかし、同盟を申し入れたのが北条側だったので、北条氏が上杉氏に譲歩するかたちで交渉が進められた。関東管領職については、上杉氏の主張が通り、北条氏が上杉氏を関東管領として認め、これにより、儀礼上では上杉氏が北条氏より優位に立ったのである。国分けについては、伊豆・相模・武蔵の領有と西上野の割譲を北条氏が主張し、上野・武蔵、とりわけ山内上杉氏の本領である上野の領有を輝虎が主張

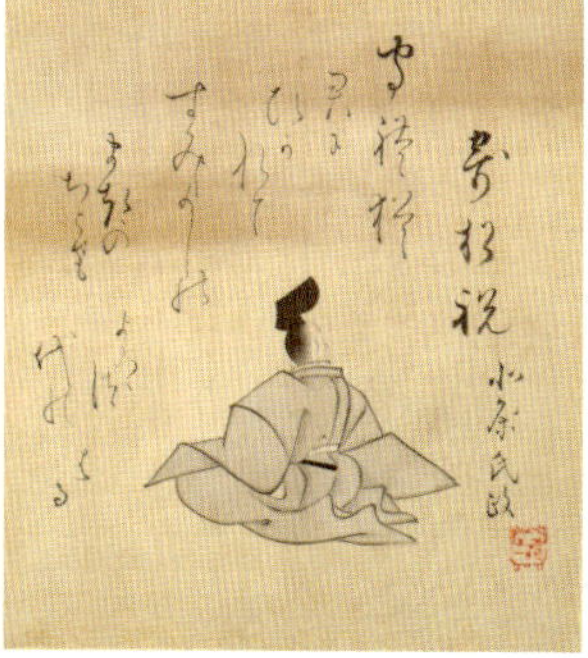

「集外三十六歌仙」に描かれた北条氏政
■氏政は氏康の次男で、兄・氏親の死去もあり、永禄二年十二月二十三日に氏康から家督を譲られた　姫路市立美術館蔵

春日山城の上杉景虎屋敷跡（三の丸跡）■新潟県上越市　写真提供：上越市観光振興課

した。その結果、上野国と武蔵国の所々を上杉氏が支配することで固まった。関東管領が補佐する公方については、かつて輝虎が推した足利藤氏がすでに世になかったため、北条氏が擁立した足利義氏とすることで決まった。

こうして同盟条件が調い、五月からは双方からの使者が往来して、六月初旬には同盟が成立した。この同盟は、それぞれの本国の一字を取り、越相《えっそう》同盟と呼ばれている。なお、同盟は成立したが、なかなか決まらなかったのが証人《しょうにん》（人質）と養子の件である。当初、北条からは氏政の次男国増丸《くにますまる》が、上杉からは重臣柿崎《かきざき》父子のいずれかが候補となっていた。国増丸は、輝虎の養子になることが決まっていたが、土壇場になって氏政がごねはじめたのである。それは、国増丸が五、六歳の幼少で手元からはなすのが忍びないという情が理由であったが、政治的な意図があったともいう。

結果的に、北条氏からの養子は国増丸ではなく、北条三郎が選ばれた。三郎は氏

「越後十七将図」に描かれた柿崎景家■個人蔵

北条氏照と家臣の墓■同盟の締結にあたっては複数のルート（当時は手筋と呼んだ）で交渉したが、その一人が氏政の弟である氏照であった　東京都八王子市

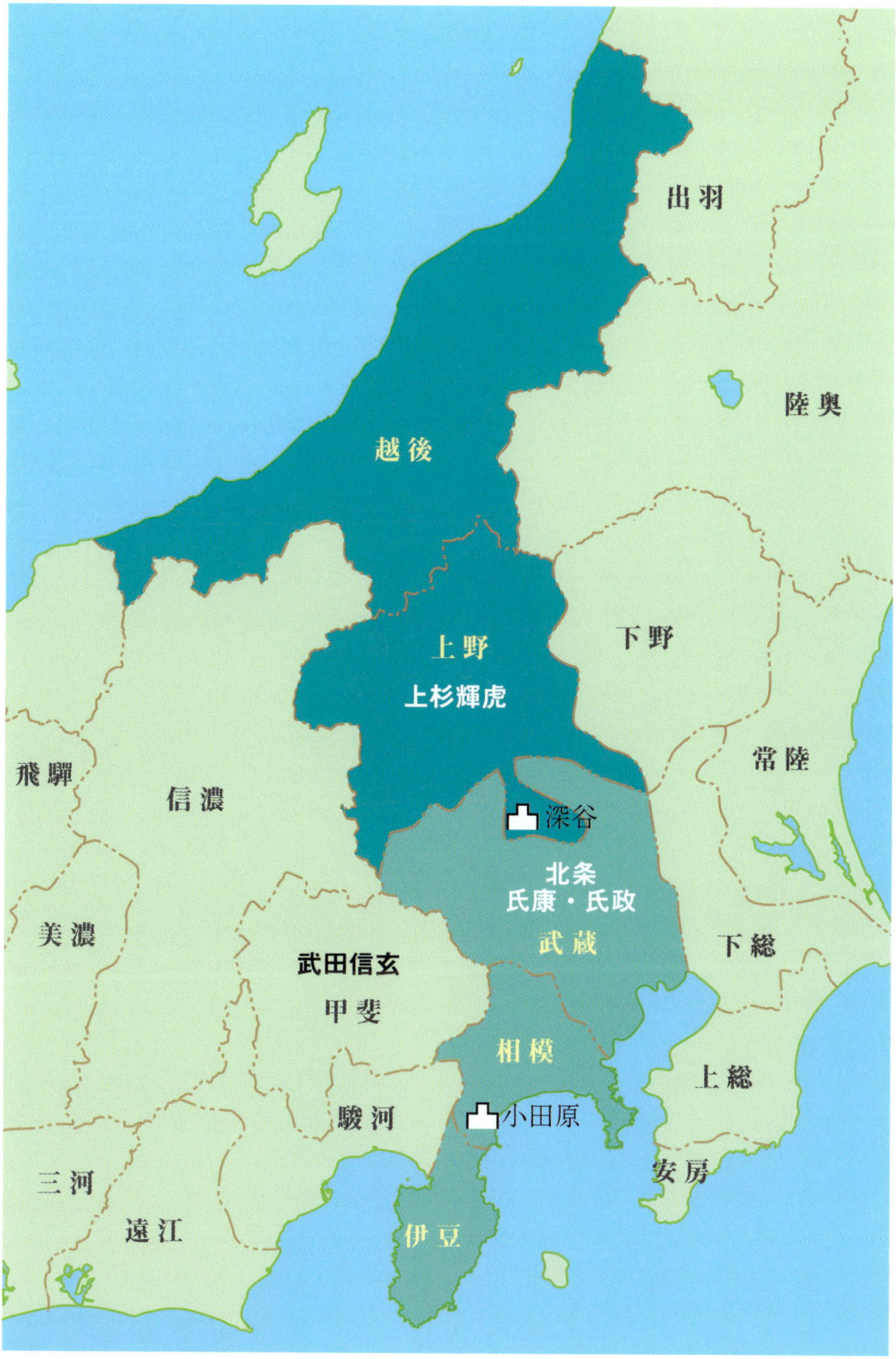

図4　上杉氏と北条氏の国分け

康の七男とされ、のちに一族で久野《くの》（小田原市）を本拠にしていた北条宗哲《そうてつ》の養子になった人物である。三郎は輝虎の養子になったあと、輝虎の姪と結婚し、景虎を名乗ることになった。言うまでもなく、輝虎のかつての名乗りである。また、この婚姻からそう遠くない時期に、甥の喜平次は景勝を名乗るようになった。そして、輝虎は出家して、謙信と称することになったのである。

■北条氏政は〝馬鹿者〟——同盟の破綻■

長い時間をかけて締結された越相同盟は、短期間で解消された。理由は、北条氏が謙信に援軍を頼んでもなかなか機能しなかったこと、謙信が徳川家康《とくがわいえやす》や織田信長《おだのぶなが》との関係をより重視したこと、また秘密裡に謙信が武田氏とも結んでいたことなどがあげられる。同盟破棄の最たるきっかけは、同盟に積極的であった北条氏康の死去であった。元亀二年（一五七一）十月三日、前年から病気を患っていた氏康が死去し、子の氏政は武田信玄と同盟を結ぶ交渉を密かにに始めたのだ。これは、氏政の室が信玄の娘であることも大いに関係しているといえる。

こうして、元亀二年十二月末には氏政が上杉との同盟を破棄し、武田氏との同盟を復活させたのであった。同盟の破棄を、謙信は憤った。かつては謙信を裏切ったものの、越相同盟の過程で再び上杉氏に恭順の意を示した北条高広に対して、「北

北条五代の墓■早雲寺は小田原北条氏の菩提寺で、二代氏綱が大永元年（一五二一）に建立した臨済宗大徳寺派の寺院である。五代の墓は、北条氏規（氏政の弟）の子孫であり、狭山藩北条家五代目の氏治が、北条早雲の命日に合わせて寛文十二年（一六七二）八月十五日に建立した　神奈川県箱根町・早雲寺

条氏政は馬鹿者であり、里見・佐竹・太田氏らとの手切れを悔やんでいる」と心情を吐き出した（新潟県立文書館所蔵文書）。ちなみに、謙信は一通の手紙のなかで二回も氏政を馬鹿と言っており、怒り心頭に発していたといった感じだろう。

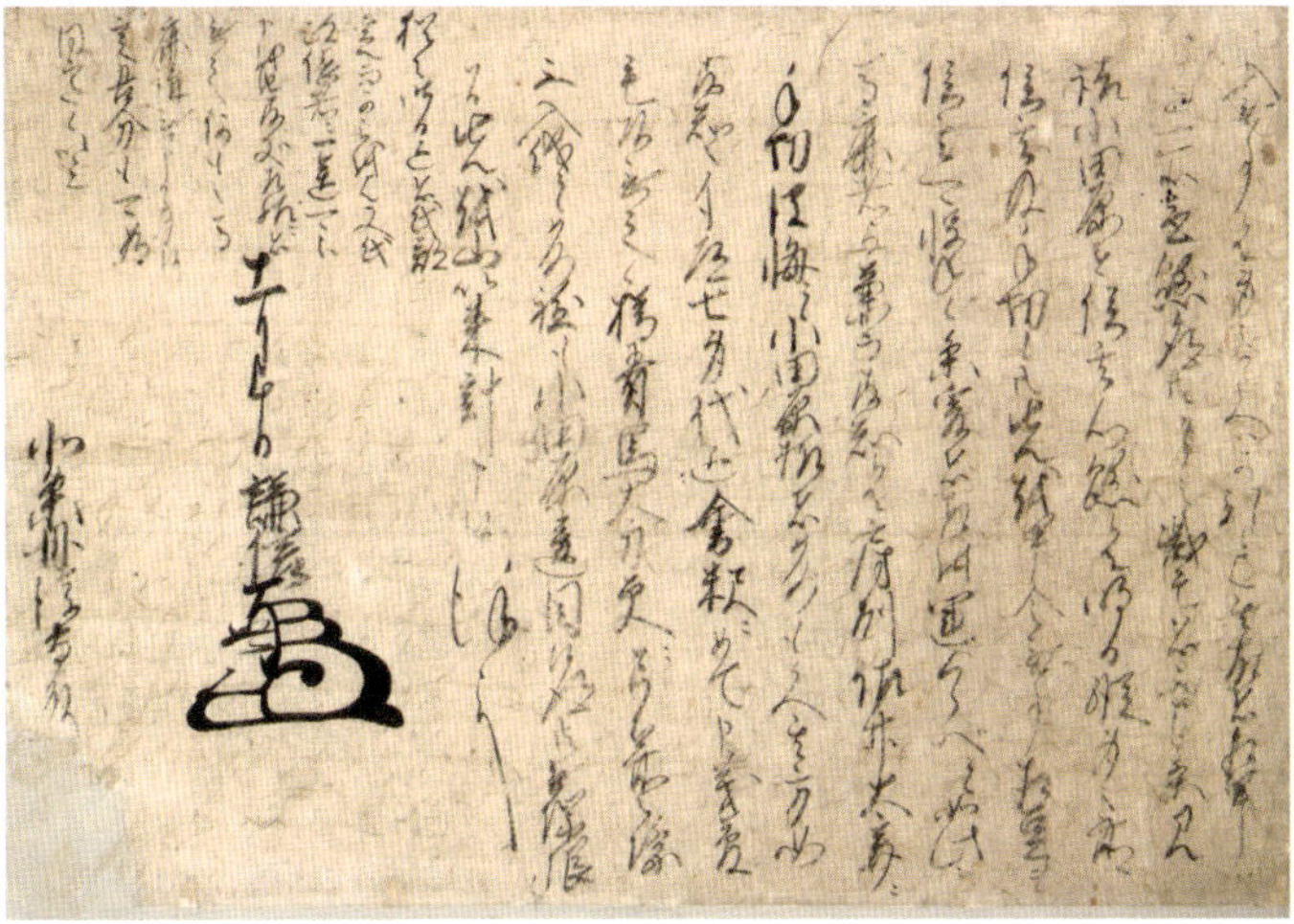

（元亀２年）11月10日付け上杉謙信書状■北条氏政を馬鹿者となじって、怒りを露わにしたもの　新潟県立文書館蔵

ここで、その後の関東情勢に触れておく。越相同盟の破棄後は、同盟に反対しながら反北条・親武田の立場となっていた佐竹氏・宇都宮氏・簗田氏・里見氏らが、謙信との関係を復活させた。そのうち、簗田氏の居城関宿城は、天正二年に北条氏の攻撃によって落城し、簗田氏は北条氏に従うことになった。

関宿救援では、佐竹義重と謙信の意見が合わず、謙信が帰国してしまったことがわかっている。たとえば、謙信は義重のことを、「いつものように悠々と行動するのは

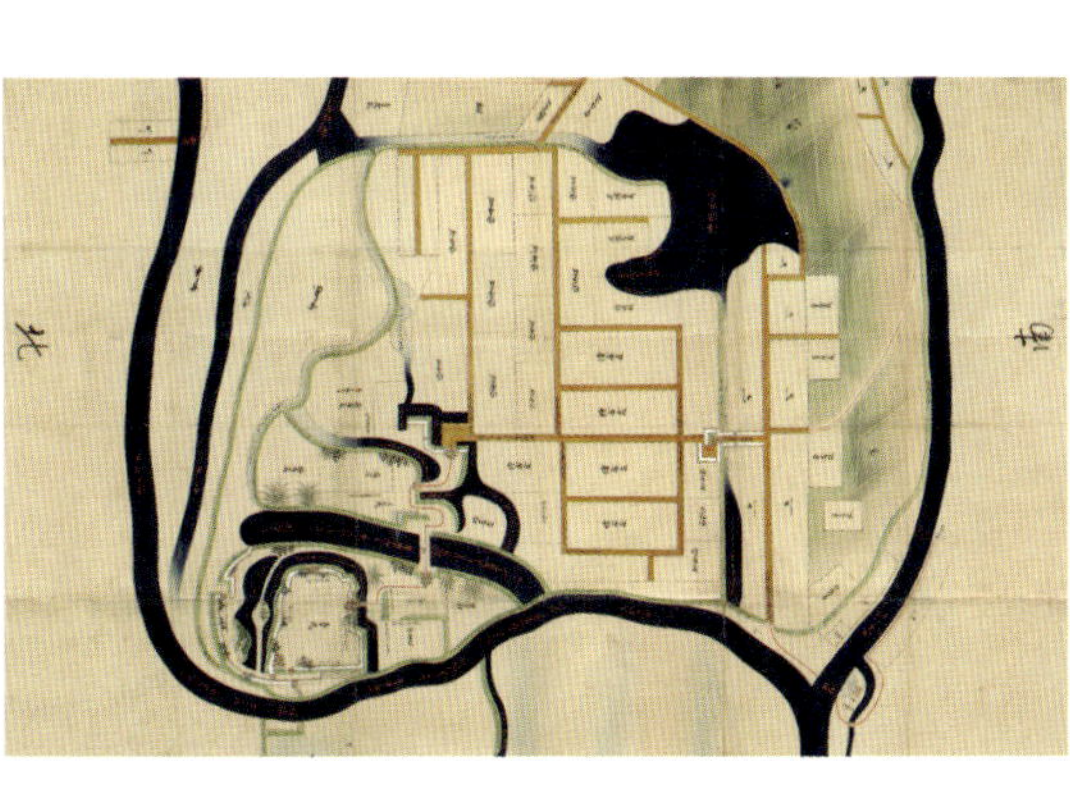

下総国世喜宿（関宿）城絵図（部分）■北条氏康をして関宿城を奪うことは一国を取ることにも値すると言わしめた東国の重要拠点であり、謙信にとっても関東の情勢を左右する城であった　国立公文書館蔵

残念で、佐竹名字の後世の災難になるのではないか」、「そもそも敵を見かけて、どのように謙信が馬鹿者であっても、どうして味方の関係にある義重と謙信が、理由もなくもめるだろうか」、「いろいろ義重の家中衆が謙信のことを疑っているということは、誠に天魔のなせることというほかない」などと述べている（宇都宮家所蔵文書・上杉家文書）。

つまり、積極派の謙信と消極派の義重の温度差が、両者の意見が合わない原因だったのだ。なかなか動かない人物に対しては、感情をストレートに伝えることで行動させようという謙信の考えが反映されているといえる。

感情をストレートに伝えることは、佐竹氏以外にもみられた。たとえば、武蔵国岩付《いわつき》城（埼玉県岩槻市）、のちに常陸片野《かたの》城（茨城県石岡市）を拠点とした太田《おおた》資正《すけまさ》の事例がある。資正が謙信から届いた内密の書状の内容を漏らしてしまった際に、謙信は資正を「天罰者」だと非難している（謙信公御書四）。資正の行動を考えれば、当然のことだろう。

ほかにも、天正二年に北条方に攻められていた羽生《はにゅう》城（埼玉県羽生市）の救援にあたり、同城に籠もる木戸《きど》忠朝《ただとも》・重朝《しげとも》父子と菅原為繁《すがわらためしげ》へ送った手紙がある。謙信の軍勢は、羽生城と利根川を隔てた大輪*（群馬県邑楽郡明和町大輪）にいた。謙信の家臣である佐藤という者が救援にあたり、船で兵糧を運び入れようとしたが、謙信は、敵の妨害があったらどうすると反対した。佐藤は、敵が妨害できる地形など少しも

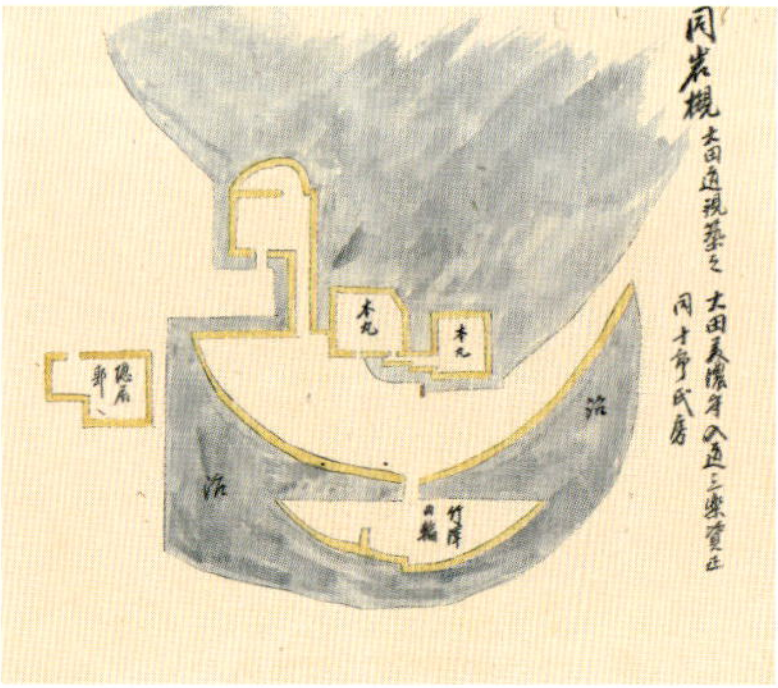

※「近世城図」に描かれた岩付（岩槻）城

＊大輪　大輪の瀬から羽生までは二里も離れており、利根川が大河のうえ、増水もあったので救援は失敗に終わった。謙信は佐藤が地形の状況をありのままに報告しないのがいけないと述べ、信玄や氏康も戦略的に考えのない地形を選ぶことをやむをえないと判断するだろうかともいっている。このときすでに死去している信玄や氏康を引き合いに出すあたり、謙信自身は両者を好敵手と思っていたのだろう。

ないと申し上げたが、謙信はついに決行しなかったのだ。このとき、謙信は佐藤を「ばかもの」といっている。

兵糧の搬入がうまくいかず、羽生城の救援が難航している苛立ちを家臣にぶつけているようである。しかし、裏を返せば、兵糧の搬入は敵の妨害なども含め、地形をよくよく調べることでできることであり、失敗すれば城が落ちてしまうという重要な作戦であるということを佐藤にわからせるため、あえて「ばかもの」という言葉を用いたといえるかもしれない。

関東の情勢に話を戻すと、関宿落城後は佐竹氏を中心とする反北条派と北条氏という構図にシフトしていき、謙信が積極的に関東支配に関わっていくことはなくなった。かつてのように、謙信こそが頼みの綱という構図は、積極的な支援を得ることができなければ、必然と変化していくものであったということである。

信長・家康と交渉する

一方、謙信は家康と信長との関係を深めていった。交渉は越相同盟が締結する以前、永禄十一年頃からはじまっていた。家康としては、武田氏牽制のためにも、謙信との間柄を深めておきたかったのである。元亀元年（一五七〇）十月八日には家康が謙信に起請文を提出し、武田氏との関係を断って、信長と謙信がより昵懇にな

羽生城の天神曲輪跡（右）と伝羽生城主の墓（左・羽生市源長寺）■埼玉県羽生市

織田信長画像■東京大学史料編纂所蔵模本

るよう取り成し、織田氏と武田氏との縁組みについても破棄するよう働くなどと伝えた（上杉家文書）。謙信としても、武田氏を上杉・織田・徳川で包囲するためにも関係を深めておきたかったといえる。

　信長との交渉は、実のところ永禄七年からみられる。その頃から両者の関係は良好だったようで、実現こそしなかったが、信長の子が謙信に養子入りする話もあがっていたほどだ。なぜ、この頃から信長が謙信と結んだかという理由については、信長側としては美濃斎藤氏への備えがあったのではないかと指摘されている（谷口二〇一五）。謙信側としては、上洛にあたって六角氏との友好関係を深めているように、尾張の大名と友好関係を築いておくことはメリットが大きいと考えたからではないだろうか。

　その後、謙信と信長は互いに贈り物をして関係を深めながら、信玄打倒を計画した。信玄は元亀四年四月に病没したが、謙信と信長の関係は存続した。しかし、信長・家康側から軍事協力を得られないことに対して、謙信の不満は募っていった。この

徳川家康画像■東京大学史料編纂所蔵模本（内藤本）

『英名百雄伝』に描かれた斎藤義龍■※

間、信長から謙信に「洛中洛外図屛風《らくちゅうらくがいずびょうぶ》」が贈られたが、すでに両者の関係は修復不可能であった。加賀・能登が両者の支配領域の「境目《さかいめ》」となったことから、そこをめぐる領土紛争があり、両者が敵対関係になったのではないかということである（柴二〇一七）。その時期は、天正四年（一五七六）頃だという。

謙信・信長・家康の同盟は、互いに軍事協力ができなかったことで、有効に機能しないまま解消されるに至った。そして、能登を舞台とした上杉軍と織田軍の戦いの火蓋が切られることになるのである。

■悲願を達成し、天下を目指す■

謙信の領国経営での課題の一つが、越中と能登の支配であった。謙信による北陸侵攻は、永禄三年（一五六〇）にはじまり、同五年に二回、同十一年、同十二年、元亀二年、同三年、天正元年、同二年、同四年、同五年と十一回を数える。実は、謙信の祖父能景、父為景も越中へ侵攻しており、越中の支配は前代からの悲願であったといえる。謙信自身も、願文のなかで、能登と越中と佐渡の支配を強く意識していることがわかる。

越中へはたびたび侵攻したが、越相同盟によって関東の情勢が落ち着いた

上杉本洛中洛外図屛風右隻■米沢市上杉博物館蔵

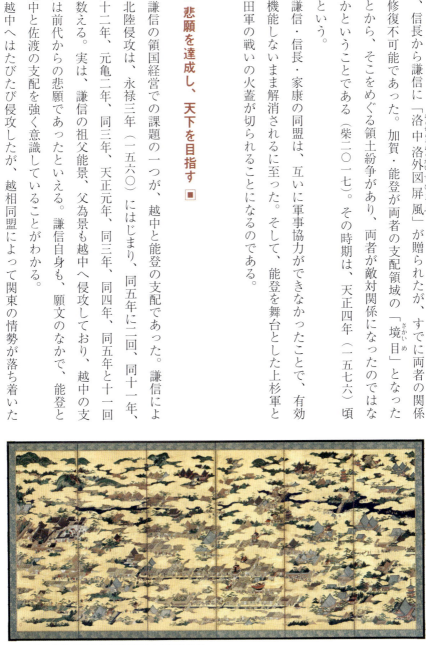

頃から、本格的な軍事行動がみられはじめられるようになる。永禄十二年には越中の支配も本格化し、河田長親が抵抗勢力であった越中国衆椎名《しいな》氏の対策もかねて、魚津《うおづ》城（富山県魚津市）の城将となった。元亀元年には、越中在国中の村上義清に対し、謙信が加賀・能登の国法を調査して、不都合があれば新法を立てることや、越前の情勢把握、佐渡の差配など、北陸支配の今後の展開を述べるまでに至った。

しかし、越中勢の抵抗はすさまじかった。元亀三年五月には加越一向一揆衆が挙兵し、越中支配の最前線であった日宮《ひのみや》城（富山県射水市）に迫った。武田氏と連携した松倉《まつくら》城主の椎名康胤《やすたね》も挙兵しており、謙信の軍勢は六月十五日に神通川《じんづうがわ》の渡し場で戦うも、敗北を喫したのである。

この戦いのなかで、謙信が発心坊《ほっしんぼう》という僧に宛てた書状がおもしろい（上杉家文書）。謙信は、「夏に千手法《せんじゅほう》を宝幢寺《ほうとうじ》と八幡別当《はちまんべっとう》に命じたが、いまだに分国の安穏は実現しておらず、これは両僧の加持祈祷《かじきとう》の力が不足しているからである。今こそ心労の限りを尽くして、合戦で勝利して馬を納められるように、帰陣するまで眠らずに祈祷をしなさい」と指示している。

謙信といえば、寺社や仏教に信仰の篤い人物として知られているが、実際にはうまくいかないことがあると、ときには眠らずお祈りを捧げよと、無茶を強いる場面もあったようである。また、越中の分国化に強い気持ちがあったあらわれかもしれない。

※放生津の城合戦の図■『絵本甲越軍記』

松倉城主郭■富山県魚津市　写真提供：佐伯哲也氏

天正元年の出兵で、謙信は越中を抜けて加賀まで遠征した。すでに越中の大勢が上杉側で固まりつつあったのだろう。このときの出兵では、加賀の朝日山《あさひやま》城（石川県金沢市）を包囲したが、ここで謙信が冷や汗をかく場面があった。

寵臣の吉江《よしえ》景泰《かげやす》が謙信の制止も聞かずに、敵の鉄砲の前に駆け出て行ったのである。慌てた謙信は、小嶋という家臣に頼んで景泰を引きずり戻し、陣に押し込めた。これは、謙信が家臣の景泰の父景資とその妻に宛てた手紙で記されていることである（山形県立図書館所蔵文書）。おそらく、

図５　上杉謙信越中・能登・加賀侵攻図『新修七尾城史 14』通史編Ⅰ原始・古代・中世に所収の図をもとに作成

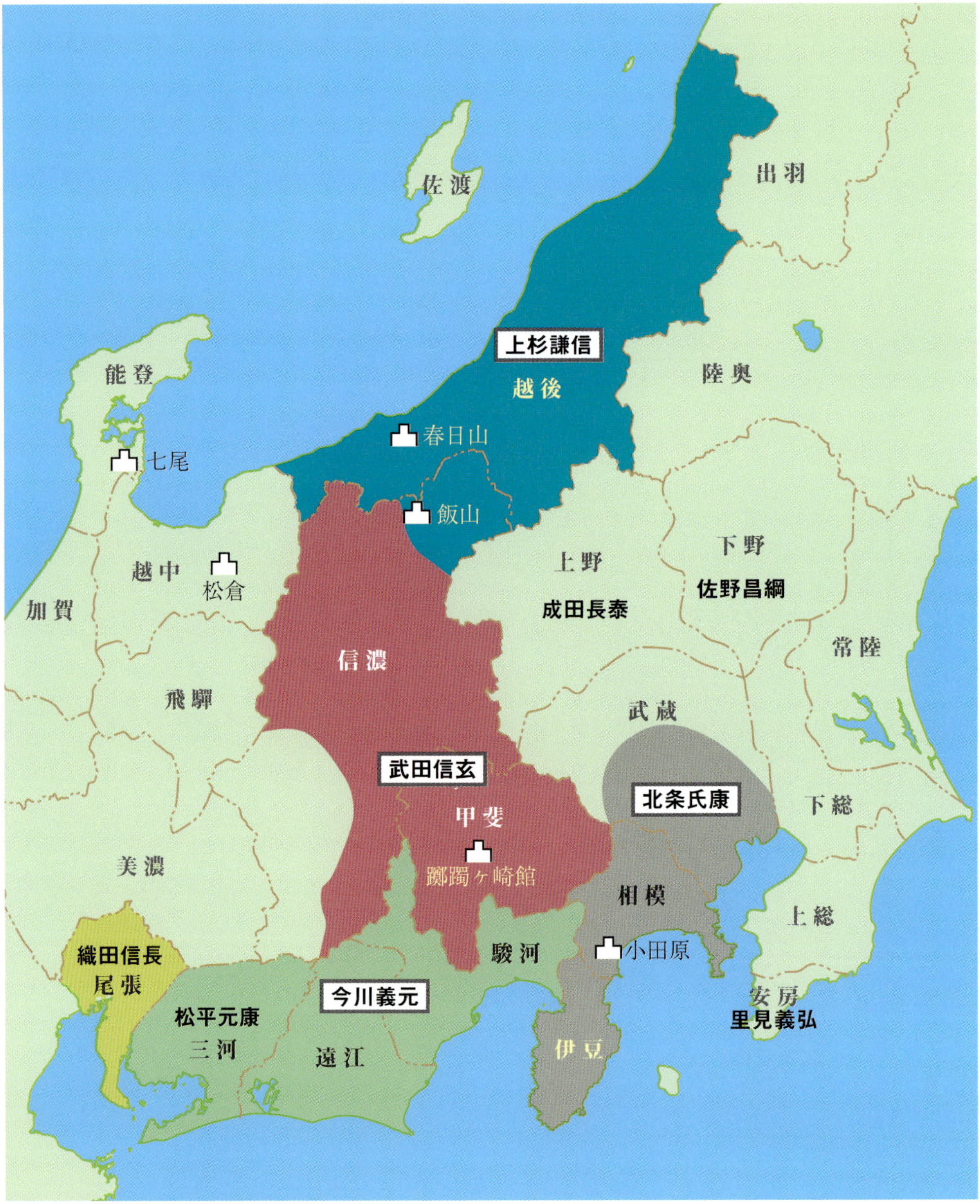

1560年の各戦国大名の勢力範囲

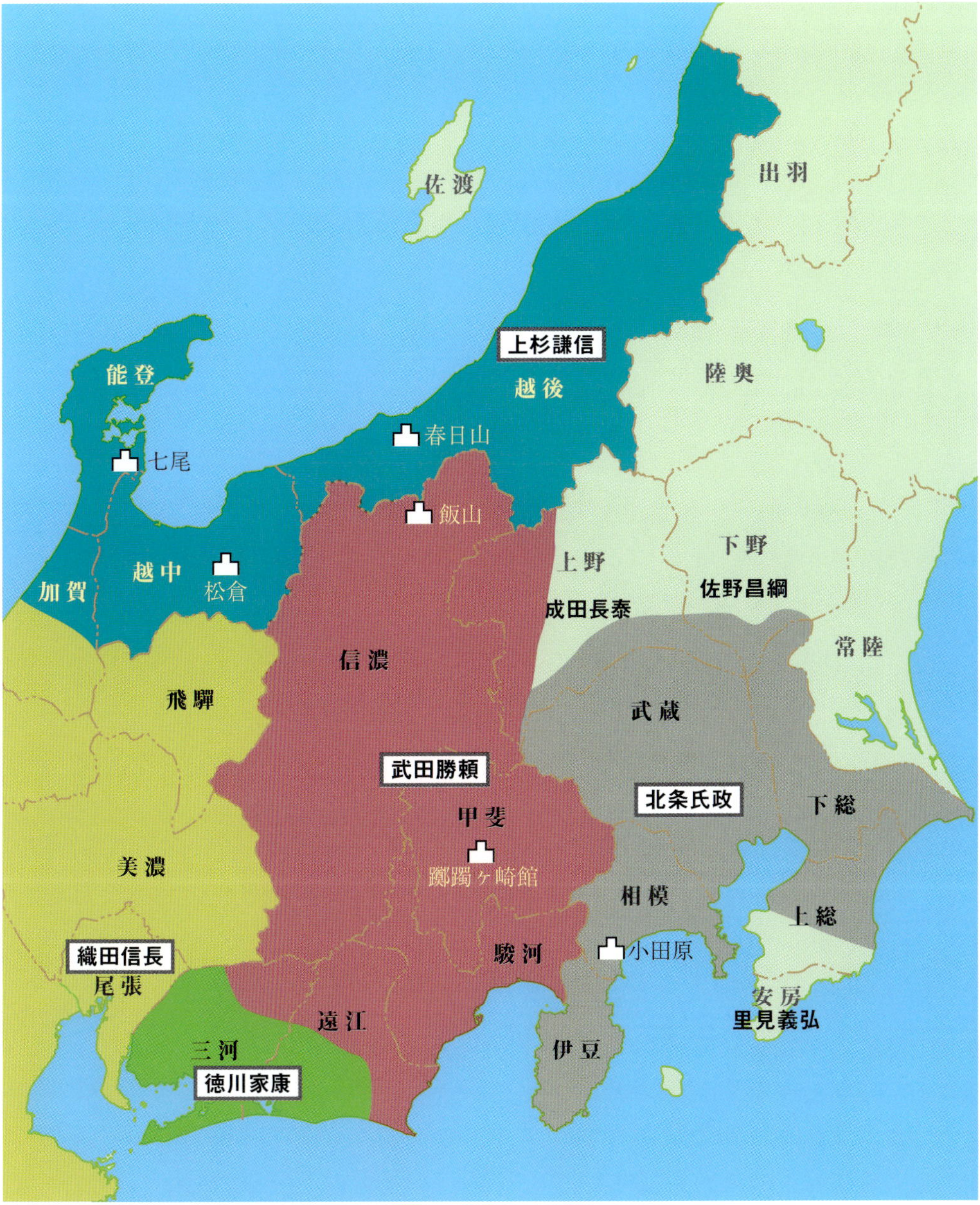

1577 年の勢力範囲（上杉家の最大版図）

景泰は武功を立てようと、若気の至りで敵軍にぶつかっていってしまったのだろう。謙信は、命が一番大事なので戦闘に参加させなかったと景資に釈明している。謙信とすれば、若い家臣をみすみす死なせてしまっては、吉江家が断絶することもあると考え、必死になって止めたのだろう。

天正四年には越中を支配下に置いたようで、府内や柏崎同様に支配の方針が示されている。そこでは、税金を三年間免除することをはじめ、放生津《ほうじょうづ》（富山県射水市）・伏木浜《ふしきはま》（富山県高岡市等）で船のなすべき事柄を申し付けること、放生津を楽市楽座《らくいちらくざ》とすること、津料と渡役を停止することなど、やはり港湾都市を基盤にした流通・経済政策が打ち出されている。陸もさることながら、謙信の政策の基調は、海を強く意識したものであったのだ。

なお、魚沼神社（新潟県小千谷市）に所蔵されている大般若経は、至徳三年（一三八六）〜応永三年（一三九六）の間に越中国で書写されたもので、もともとは七社明神にあったが、謙信が越中に侵攻した際に持ち帰り、奉納したものといわれている。越中侵攻時の謙信の行動を知るうえで、重要な史料である。

天正四年四月には、謙信の軍勢は能登へと侵攻した。能登を治めていた畠山《はたけやま》氏は重臣の傀儡となっていたといわれ、すでに力を失いつつあった。五月には本願寺・一向一揆と講和した謙信は、自身が能登へ出馬する準備が整った。侵攻を進めた謙信は、十二月十九日には畠山氏の残された拠点である七尾《ななお》城（石川県七尾市）も落

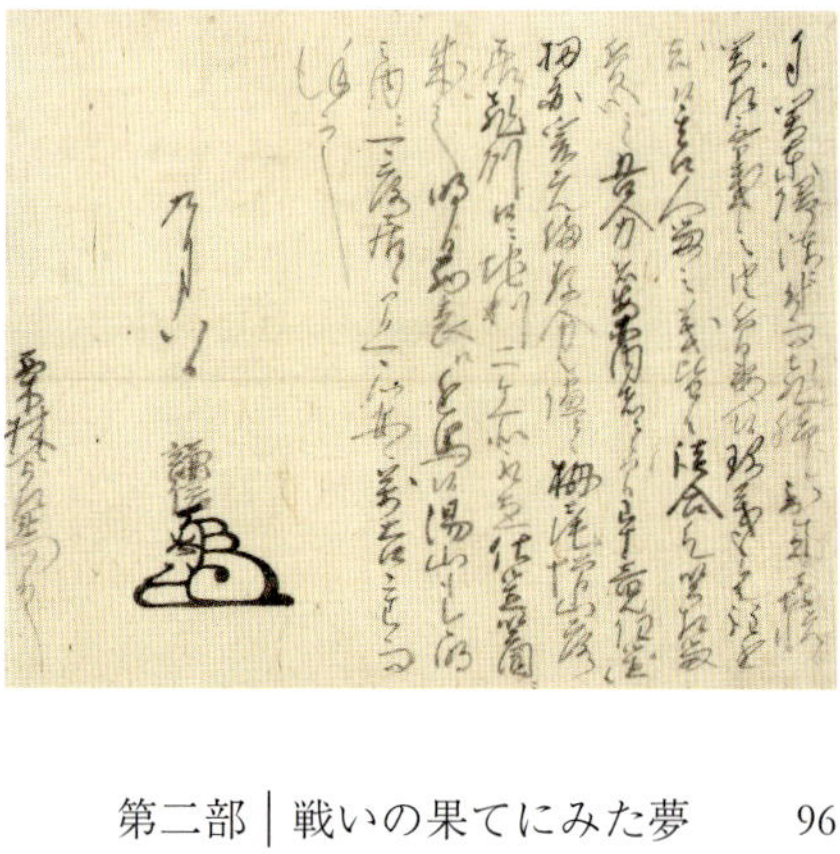

（天正四年）九月八日付け上杉謙信書状
■謙信が家臣の栗林氏に対し、栂尾城（富山市）・増山城（富山県砺波市）を落とし、明日には西へ進む算段で、湯山城（富山県氷見市）も明日までに落城するだろうと伝えた書状　「栗林文書」　東京大学史料編纂所蔵

＊七尾城の攻略■七尾城の落城後、北条高広の子・景広が三十歳になるにもかかわらず独身であることを心配し、七尾城主であった畠山義隆（天正四年に死去）の妻を娶るように指示している。家臣への配慮とも取れるが、強引に縁組みをさせようともしており、謙信にもおせっかいな面があったのである。

城は疑いないと述べるに至った。

　攻略を続けた謙信は、七尾城内に調略を加えて内部のとり崩しをはかり、天正五年九月十五日に城内の遊佐続光《ゆさつぐみつ》が内応して越後勢を引き入れ、ついに七尾城*の攻略が成し遂げられた。このとき、落城を知らずに援軍に駆けつけた織田軍が加賀へ侵攻し、九月十八日には加賀湊川《みなとがわ》まで押し寄せていた。一方、織田軍の接近を知った謙信の軍勢は七尾城を出撃、手取川《てどりがわ》付近にあった松任城《まっとう》（石川県白山市）に入った。織田軍を率いていた柴田勝家《しばたかついえ》は、全軍が手取川の渡河を終えたところで初めて七尾城落城と謙信軍の松任城入城を知り、即座に撤退を命令したが、上杉軍に追撃された。これは二十三日の夜のことで、織田軍は千余人が討ち取られるという大敗を喫したのであった。このような織田軍に対し、謙信は案外

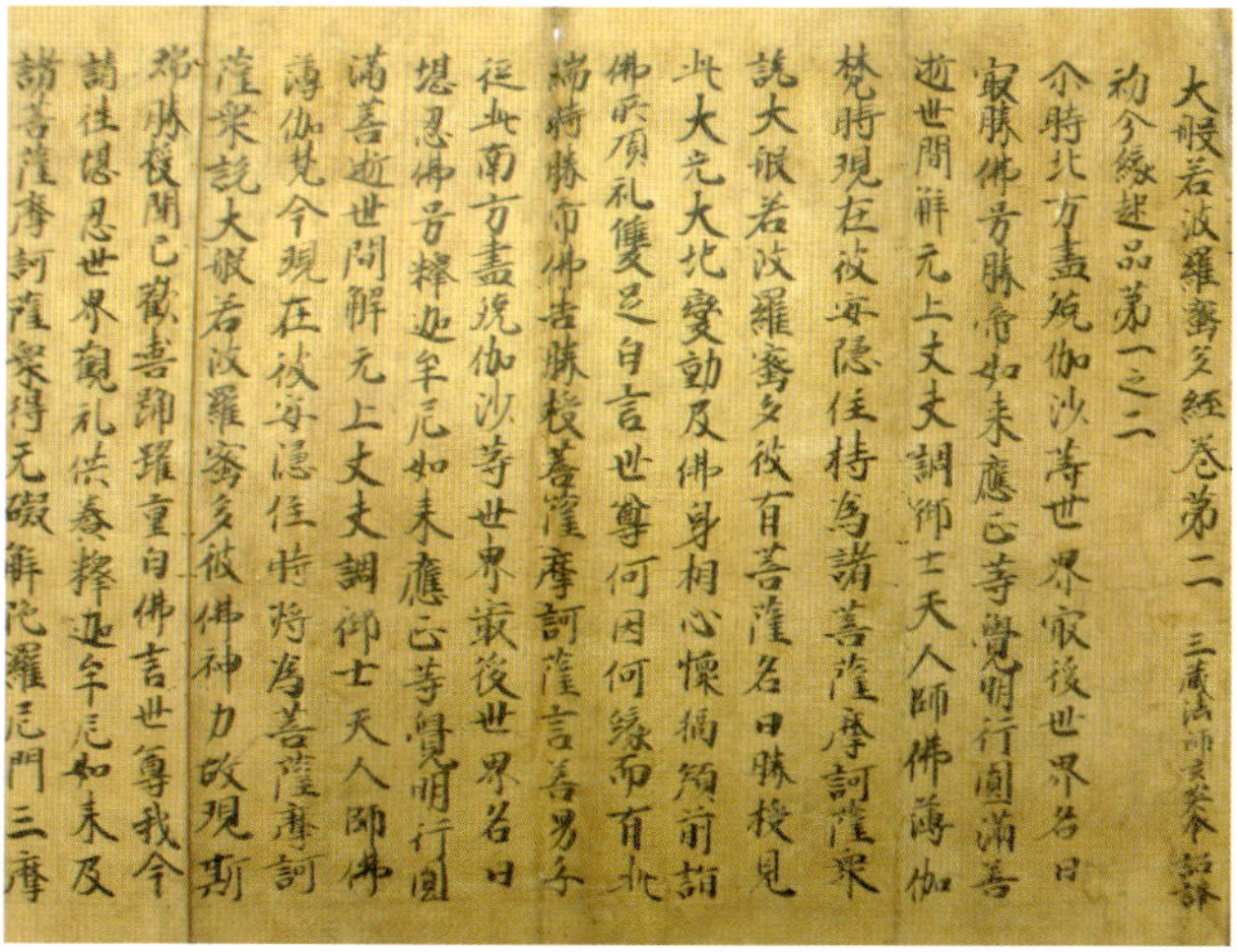
大般若波羅蜜多經卷第二　三藏法師玄奘奉詔譯
初分緣起品第一之二
介時北方盡殑伽沙等世界最後世界名曰
最勝佛號勝帝如來應正等覺明行圓滿善
逝世間解無上丈夫調御士天人師佛薄伽
梵時現在彼安隱住持為諸菩薩摩訶薩衆
說大般若波羅蜜多彼有菩薩名曰勝授見
此大光大地變動及佛身相心懷猶豫前詣
佛所頂禮雙足白言世尊何因何緣而有此
瑞時勝帝佛告勝授菩薩摩訶薩言善男子
從此南方盡殑伽沙等世界最後世界名曰
堪忍佛號釋迦牟尼如來應正等覺明行圓
滿善逝世間解無上丈夫調御士天人師佛
薄伽梵今現在彼安隱住持為菩薩摩訶
薩衆說大般若波羅蜜多彼佛神力故現斯
瑞勝授聞已歡喜踊躍重白佛言世尊我今
請往堪忍世界觀礼供養釋迦牟尼如來及
諸菩薩摩訶薩衆得無礙解陀羅尼門三摩

魚沼神社大般若経■新潟県小千谷市・魚沼神社蔵　写真提供：小千谷市教育委員会

七尾城の危機に際して織田軍に援軍を要請したという長連龍■『英名百雄伝』※

七尾城主郭■石川県七尾市　写真提供：佐伯哲也氏

謙信賞月図■小堀鞆音画　佐野市郷土博物館蔵

手弱で、これなら天下まで進むことも簡単だと豪語したのであった（歴代古案一）。

九月二十六日には、謙信が初めて七尾城に登城した。その風景をみた謙信は驚嘆した。城からの眺望は噂どおりの名勝《めいしょう》で、加賀・能登・越中のいわば扇の要の位置に七尾城はあり、城と山と海が一体化し、島々の風景といい、とても絵像に写すことができない絶景だと述べており（歴代古案二）、謙信の興奮ぶりが伝わる。

このように、長年の悲願を達成し、天下を夢みた謙信であったが、その命はまもなく尽きようとしていたのであった。

■謙信の死去と跡目争い■

柴田勝家画像■『國史画帖大和櫻』個人蔵

羽柴秀吉画像■秀吉は柴田勝家と仲違いし、軍を離れてしまったという　※

越中・能登を平定した約半年後、謙信は急死した。天正六年（一五七八）三月九日、謙信は春日山城の厠《かわや》で倒れ、意識不明のまま十三日に死去した。死因は「不慮之虫気」とある（景勝公御書一）。「虫気」は「ちゅうき」＝「中気」であると思われ、おそらくは脳卒中だといわれている。京都の画工に依頼した肖像画*が完成したのが、死去した日であり、この肖像画は遺言によって高野山《こうやさん》無量光院《むりょうこういん》に納められた。肖像画の裏には、まるで死期を悟ったかのように、「四十九年一睡夢　一期栄花一盃酒」という辞世《じせい》の句《く》が書かれていた。

これは、四十九年の生涯はひと眠りの夢に過ぎず、一生の栄華もただ一杯の酒でしかないという意味で、酒を愛した謙信らしい句である。謙信の葬儀は三月十五日に執り行われ、甲冑を着せた遺骸は春日山城内の不職院に埋葬されたという。

突然の死去で、動揺したのが家臣であった。謙信は天正二年十二月十九日に高野山無量光院の宝幢寺清胤を師として出家し、護摩灌頂を受けて法印大和尚となり、翌年正月十一日に景勝へ自身の官途・弾正少弼を譲っているの

上杉謙信の墓■新潟県上越市・林泉寺

*肖像画■謙信の肖像画は焼失などで当時のものは残されていない。ただし、謙信の肖像画自体は数多く、法体の武将像・甲冑姿・僧侶像など種類も豊富である。現在知られているだけでも三〇幅以上あり、武将のなかでも多く描かれた人物に当てはまる。

上杉謙信の位牌■位牌を安置する長命寺本堂は、かつての米沢城本丸西南の御堂（謙信堂）を移築したものである　山形県米沢市・長命寺蔵

で、後継者は景勝と決まってはいた。しかし、反主流派によって景虎が擁立されていたのだ。両者は、「御館《おたて》の乱」という跡目争いを展開し、争いに勝利した景勝が謙信の跡を引き継ぐことになった。

■謙信の人物像に迫る■

ここまで謙信についてみてきたが、読者はどのような人物だと感じただろうか。本書では、すべての事績を取り上げることはできなかったが、主要な出来事を中心に謙信の「実像」に迫ろうと試みた。

謙信は、江戸時代以降に形成されたイメージだと戦に強く、ときに一騎打ちもするような武将で、その一方で仏神に対する信仰に篤く、義を重んじる人であったとされる。しかし、当時の史料を中心にみていくと、むしろ悩み苦しみながら生きていた謙信の姿がみてとれるのではないだろうか。

宗心と称した頃は、家臣がまとまらないことに対して、出奔という大胆なパフォーマンスを繰り出し、なんとかまとめあげようとする若き日の姿がみられた。対人関係においては、「天魔」や「馬鹿」といった、ストレートかつ厳しい言葉を多用する人物であった。なぜ、謙信はこのような言葉を使ったのだろうか。それは、謙信自身の性格もあろうが、「外聞」が重視された

越後十七将図■謙信の有力な家臣が描かれている　個人蔵

時代であったからではないだろうか。領国で支配される側の百姓や家臣・「国衆」・寺社からみて、謙信は正しい道を進む当主としての立場を求められた。そのため、何かあれば、相手が馬鹿だったとか主張したのである。それでは潔くなく卑怯じゃ

上杉十八将図■長野市立博物館蔵

上杉謙信銅像■新潟県上越市・春日山城跡

ないかという声も聞こえてきそうだが、それも戦略だったといえる。

そうした戦場の顔とは別に、歌道と酒を愛し、甥が一生懸命書いた手紙に癒やされた「公」とは違う「私」の顔も垣間見える。近衛前嗣が一緒に越後へ行こうと決心したように、どこか人を引き寄せてしまう魅力があったのではないか。

謙信は生涯妻帯しなかったといわれ、そのため跡目争いが起きたとされる。当時の史料には「上杉弾正少弼御新蔵」といった文言もみられるが（『越後過去名簿』、新蔵は既婚女性を指す）、これは上条上杉弾正少弼の可能性が高いといわれ、真相は明らかではない。本書では具体的な検討はできなかったが、妻を持たなかったのか、それとも妻がいたが子どもができなかったのかでは大きな違いがある。

一つ気になっているのは、謙信がたびたび病気になっていたことだ。上洛の際に腫れ物を患ったり、永禄四年には近衛前嗣が心配するほど胃腸の調子を崩したりしていた（上杉家文書）。先述した吉江景泰が鉄砲の前に出て行った際は、自分で止め

林泉寺山門■上杉謙信ゆかりの寺であり、現在でも多くの人が訪れる。上越市では毎年謙信の遺徳を称える謙信公祭が催されている　新潟県上越市

たかったものの、足が悪いので家臣に頼んだという。病弱で子どもができにくかったとも考えられる。この問題は、今後の大きな課題である。

さて、そろそろ本書で得られた謙信の実像について結論を述べよう。謙信は無敵の武将でも、義に厚い武将でもなく、信玄と一騎打ちもしておらず、ましてや塩も送っていない武将であった。それどころか、義を利用して配下の士気を上げ、戦がうまくいかないときには寺社に文句を言い、侵攻先では掠奪も認めていた武将であった。

このように書くと非難を受けそうだが、むしろ、謙信は現代に生きる私たちのように、悩み苦しみながら、なんとかして答えを見つけようとし、酒を飲み交わしながら、部下を思い、ときに感情を素直に出すことで当主の役目を果たそうとした、人間臭い人物だったのではないだろうか。ときに出奔という大胆な行動を起こしたり、あなたの忠功は一生忘れないと述べたり、人の心を掴むのに優れていた人だったと考えられる。加えて、府内や柏崎をはじめとした都市の支配を通じて、流通・経済を掌握する姿勢が、謙信の特性だといえる。

ただし、謙信自身が述べているように、気が短いところや怒りに身を任せてしまうところなど短所があったことも事実である。

本書では謙信の実像を当時の史料を中心に考えてきた結果、通説と異なる謙信像を提示した。しかし、現在よく知られている「義」の武将といった謙信像は人々の

謙信も湯治をした草津温泉■群馬県草津町

一騎打ちの銅像（八幡原史跡公園）■長野市

間で人気を博しているのも事実である。たとえば、北陸新幹線上越妙高駅の竣工に際して銅像が設置され、上杉謙信に対する地元での人気を感じる。

では、なぜいわば〝メッキ〟のようなものが施されるようになったのであろうか。「義」を重んじ、敵に情けを懸け、私利私欲なく戦ったとされる謙信像と本書で提示した「実像」を今後も比較しつつ、追究していきたいと考える。

春日山城遠景■新潟県上越市

【主要参考文献】

相澤秀生　「上杉謙信と誓いと祈り」（『曹洞宗研究員研究紀要』三八号、二〇〇八年）
阿部洋輔編　『戦国大名論集九　上杉氏の研究』（吉川弘文館、一九八四年）
池上裕子　「「関東幕注文」をめぐって」（『新潟県史研究』一一号、一九八一年）
池　享　『動乱の戦国史7　東国の戦国争乱と織豊権力』（吉川弘文館、二〇一二年）
池　享・矢田俊文編　『定本上杉謙信』（高志書院、二〇〇〇年）
池　享・矢田俊文編　『増補改訂版上杉氏年表　為景・謙信・景勝』（高志書院、二〇一三年）
市村清貴　「謙信と都市」（池享・矢田俊文編『定本上杉謙信』、高志書院、二〇〇〇年）
市村高男　「越相同盟の成立とその歴史的意義」（戦国史研究会編『戦国期東国社会論』、吉川弘文館、一九九〇年）
同　『戦争の日本史10　東国の戦国合戦』（吉川弘文館、二〇〇九年）
井上鋭夫　『上杉謙信』（人物往来社、一九六六年）
同　『謙信と信玄』（読みなおす日本史）（吉川弘文館、二〇一二年）
今福　匡　『上杉景虎　謙信後継を狙った反主流派の盟主』（宮帯出版社、二〇一一年）
同　「再考・黒田秀忠の乱―長尾景虎書状と『越後過去名簿』をめぐって―」（『十六世紀史論叢』三号、二〇一四年）
小和田哲男　『呪術と占星の戦国史』（新潮社、一九九八年）
片桐昭彦　「謙信と川中島合戦―謙信の信濃支配―」（池享・矢田俊文編『定本上杉謙信』、高志書院、二〇〇〇年）
同　『戦国期発給文書の研究―印判・感状・制札と権力』（高志書院、二〇〇五年）
金子　拓　『織田信長　不器用すぎた天下人』（河出書房新社、二〇一七年）
木村康裕　『戦国期越後上杉氏の研究』（岩田書院、二〇一二年）
久保田順一　『上杉憲政　戦国末期、悲劇の関東管領』（戎光祥出版、二〇一六年）

栗原　修　『戦国期上杉・武田氏の上野支配』（岩田書院、二〇一〇年）
黒田基樹　「上杉謙信の関東侵攻と国衆」（同『戦国期東国の大名と国衆』、岩田書院、二〇〇一年、初出二〇〇〇年）
同　『百姓からみた戦国大名』（筑摩書房、二〇〇六年）
同　『戦国大名　政策・統治・戦争』（平凡社、二〇一四年）
同　『関東戦国史　北条vs上杉55年戦争の真実』（KADOKAWA、二〇一七年）
小林健彦　『越後上杉氏と京都雑掌』（岩田書院、二〇一五年）
佐伯哲也　『戦国の北陸動乱と城郭』（戎光祥出版、二〇一七年）
佐々木哲　『系譜伝承論―佐々木六角氏系図の研究』（思文閣出版、二〇〇七年）
佐藤博信　「越後上杉謙信と関東進出―関東戦国史の一齣―」（同『古河公方足利氏の研究』、校倉書房、一九八九年、初出一九七八年）
柴辻俊六　『信玄と謙信』（高志書院、二〇〇九年）
柴　裕之　「織田信長と諸大名―その政治関係の展開と「天下一統」―」（『白山史学』五三号、二〇一七年）
『上越市史』　通史編２中世（上越市、二〇〇四年）
『新修七尾市史14』　通史編Ⅰ原始・古代・中世（七尾市役所、二〇一一年）
谷口克広　『織田信長の外交』（祥伝社、二〇一五年）
谷口研語　『流浪の戦国貴族近衛前久　天下一統に翻弄された生涯』（中央公論社、一九九四年）
外山信司　「上杉謙信の臼井城攻めについて」（『千葉城郭研究』九号、二〇〇八年）
乃至政彦　『上杉謙信の夢と野望』（ベストセラーズ、二〇一七年）
西川広平　「幻の川中島合戦」（NHKプロモーション『風林火山』展示図録、二〇〇七年）
萩原大輔　「総論　越中から見た上杉謙信」（『謙信　越中出馬』、富山市郷土博物館特別展図録、二〇一七年）
長谷川伸　「長尾為景の朱印状と「越後天文の乱」」（『古文書研究』四一・四二号、一九九五年）

馬場　透「戦国期越後国守護代長尾氏権力の画期と家格秩序」（『新潟史学』五一号、二〇〇四年）
広井　造「河田長親と中世の長岡」（『長岡市立科学博物館研究報告』三〇号、一九九五年）
廣澤　康「謙信の越中・能登侵攻」（池享・矢田俊文編『定本上杉謙信』、高志書院、二〇〇〇年）
藤木久志『雑兵たちの戦場―中世の傭兵と奴隷狩り』（朝日新聞社、一九九五年）
布施秀治『上杉謙信伝』（謙信文庫、一九一七年）
前嶋　敏「戦国期越後における長尾晴景の権力形成―伊達時宗丸入嗣問題を通して―」（『日本歴史』八〇八号、二〇一五年ａ）
同「上杉輝虎発給文書の花押とその変更」（『新潟史学』七三号、二〇一五年ｂ）
同「謙信・信玄と「川中島の戦い」」（『川中島の戦い　上杉謙信と武田信玄』、新潟県立歴史博物館、二〇一七年）
松澤芳宏「直江實綱書状からみる長尾宗心出奔の事情―高梨氏飯山口応援依頼の越後方返答から―」（『信濃』六三―九、二〇一一年）
丸島和洋『戦国大名の外交』（講談社、二〇一三年）
矢田俊文『上杉謙信―政虎一世中忘失すべからず候―』（ミネルヴァ書房、二〇〇五年）
山田邦明『戦国のコミュニケーション　情報と通信』（吉川弘文館、二〇一一年）

※執筆にあたっては、多くの先行研究を参考にしたが、本書の性格上すべてをあげることは難しいので、主要なものにとどめたことをご理解願いたい。また、同時期に福原圭一・前嶋敏編『上杉謙信』（高志書院、二〇一七年）が刊行されたことを付記する。

【主要史料集】

『上越市史叢書6　上杉家御書集成Ⅰ』（上越市、二〇〇一年）
『上越市史』別編1上杉氏文書集一（上越市、二〇〇三年）
山本隆志「高野山清浄心院「越後過去名簿」（写本）」（史料紹介）（『新潟県立歴史博物館研究紀要』九号、二〇〇八年）
米沢温故会編『上杉家御年譜』第一巻謙信公（原書房、一九八九年）

上杉謙信関連年表

西暦	和暦	年齢	日付	事項
一五三〇	享禄三	一	正月二十一日	長尾為景の二男として生まれる。
			十月六日	上条定憲、為景に反旗を翻す。
			十一月	為景、柏崎に出陣（享禄・天文の乱のはじまり）。
一五三六	天文五	七	四月二十三日	上条定憲死去。景虎、この年林泉寺に預けられる。
一五四〇	天文九	十一	八月九日	為景から晴景へ家督が譲与される。
一五四一	天文十	十二	十二月二十四日	為景死去。景虎、甲冑のまま葬儀に参列。
一五四二	天文十一	十三	九月二十日	景虎、本成寺（三条市）の寺領を安堵する（発給文書の初見）。
一五四三	天文十二	十四		晴景、景虎を栃尾城の本庄実乃のもとに派遣
一五四七	天文十六	十八		黒田秀忠、秋に反乱を起こす。景虎これを鎮める。
一五四八	天文十七	十九	正月	再び黒田秀忠が反乱。景虎これを成敗する。この年、晴景と景虎が対立したという。
			十二月三十日	景虎、晴景と講和し、家督を譲り受ける。当主となった景虎、春日山城に入る。
一五四九	天文十八	二〇	六月	坂戸城主長尾政景が景虎に敵対。
一五五〇	天文十九	二一	二月末	室町幕府から白傘袋・毛氈鞍覆の使用を許可される。
一五五一	天文二十	二二		夏、長尾政景と講和成立。景虎の姉仙洞院が政景に嫁ぐ。
一五五二	天文二十一	二三	正月	関東管領上杉憲政、北条氏に敗れて越後に来る。
			五月	室町幕府から従五位下の位階と弾正少弼の官途を与えられる。
一五五三	天文二十二	二四	二月	晴景死去。
			四月十二日	後奈良天皇から治罰の綸旨を得る。
			八月	川中島で武田軍と戦う（第一次川中島合戦）。
			秋	上洛し、十二月に宗心と改名する。
一五五五	弘治元	二六	七月中旬	武田氏と戦うため信濃へ出陣。
			閏十月一五日	撤退（第二次川中島合戦）。
一五五六	弘治二	二七	六月	出奔騒動を起こす。騒動後、名乗りを景虎に戻す。
一五五七	弘治三	二八	四月十八日	善光寺に着陣。
			八月下旬	上野原で武田氏と争う（第三次川中島合戦）。
一五五八	永禄元	二九		将軍義輝、景虎と信玄の講和を促すも、景虎は拒否。
一五五九	永禄二	三〇	春	二度目の上洛をする。
			六月二十六日	裏書御免や塗輿御免などの特権を幕府から得る。
			六月頃	腫れ物を患う。
			八月頃	越後に帰国。
一五六〇	永禄三	三一	三月末	越中へ出陣。

			五月十三日
			八月末
			九月上旬
一五六一	永禄四	三二	二月二十七日
			三月十一日
			三月下旬
			閏三月
			六月二十八日
			八月末
			九月十日
一五六二	永禄五	三三	七月
			十月六日
			十二月十六日
一五六三	永禄六	三四	四月
			四月二十八日
			閏十二月十九日
一五六四	永禄七	三五	正月
			二月十七日
			四月
			五月十三日
			七月五日
			八月
			十月
			十一月
一五六五	永禄八	三六	五月十九日
			十一月末
一五六六	永禄九	三七	二月十六日
			三月二十三日
			四月
			十一月十九日
			十二月
一五六七	永禄十	三八	四月二日
			四月十八日

五月十三日	府内の町人に対して諸役を免除する。
八月末	関東に進軍。
九月上旬	上野に入り、明間・岩下・沼田各城を落とす。
二月二十七日	鶴岡八幡宮に戦勝を祈願。
三月十一日	小田原城を包囲。
三月下旬	上田庄・妻有庄・藪神へ徳政令を出す。
閏三月	上杉憲政の名跡を継ぎ、関東管領となる。このとき名乗りを上杉政虎と改める。
六月二十八日	越後に帰国。
八月末	信濃へ出陣。
九月十日	川中島で武田軍と戦う（第四次川中島合戦）。この年の暮れ、政虎から輝虎に名乗りを改める。
七月	越中へ出陣。
十月六日	越後に帰国。
十二月十六日	関東に侵攻し、倉内に着陣。
四月	下野に侵攻して小山氏を降す。
四月二十八日	沼田に到着し、その後帰国。
閏十二月十九日	厩橋に着陣。
正月	常陸小田氏を降す。
二月十七日	唐沢山城を落とす。
四月	越後に帰国。
五月十三日	柏崎の飯塚八幡宮に願文を捧げ、越後国の豊饒や武田信玄の滅亡を祈らせる。
七月五日	長尾政景死去。
八月	武田氏と戦うため川中島に着陣。
十月	川中島での長期対陣を経て帰国（第五次川中島合戦）。
十一月	織田信長と懇意になる。
五月十九日	将軍義輝が自害に追い込まれる。
十一月末	関東へ出陣。
二月十六日	小田城を落とし、人身売買を許可。
三月二十三日	臼井城を攻めるも大敗。
四月	越後に帰国。
十一月十九日	関東へ侵攻し、佐野に陣を張る。
十二月	北条景広が離反し激怒する。
四月二日	沼田城の軍勢不足と防備強化のため魚沼上田衆を動員することや離反した北条景広の攻撃について指示する。
四月十八日	信玄に奪われた野尻城を取り返す。

一五六八	永禄十一	三九	五月頃	会津の蘆名勢が越後菅名庄に乱入するも、追い払う。
			十月二十四日	沼田に着陣。
			十月二十七日	唐沢山城を攻め落とすも城は降伏した佐野昌綱に預けることになり、越後勢を引き連れ帰国。
			三月十三日	武田氏と通じた本庄繁長が本拠村上で挙兵。先発隊として柿崎景家と直江政綱を派遣。
			十月二十日	村上に向けて出陣。
			十一月七日	村上城を取り囲む。
一五六九	永禄十二	四十		本庄攻めの陣中で越年し、三月末に本庄繁長が子の千代丸を人質として提出し、抗争が終結。
			六月初旬	北条氏と同盟を結ぶ（越相同盟）。
			八月下旬	越中へ出兵する。
			十月二十七日	春日山に戻る。
			十一月二十日	倉内城に着陣。沼田で越年。
一五七〇	元亀元	四一		正月早々、離反した下野佐野氏を攻めて、降伏させる。北条氏から同盟の人質として三郎（のちの景虎）が送られ、四月十一日対面。
			四月二十五日	三郎を養子とする祝儀が行われる。
			八月	徳川家康との交渉を始める。
			十月八日	同盟締結の起請文を送る。
			十月二十日	上野厩橋城救援のため出陣し、武田勢を退散させてすぐに帰国。
			十二月頃	謙信を称するようになる。
一五七一	元亀二	四二	三月	越中に向けて出陣し、十七日神通川を越え、十九日敵城を落とす。
			三月二十日	織田信長との交流を深め、珍しい鷹がいると聞いて鷹師をおくる。
			十月三日	北条氏康が死去し、十二月末には北条氏政が同盟を破棄する。
一五七二	元亀三	四三	四月十六日	越相同盟の破綻をうけ、武田・北条の上野侵入に警戒するため、厩橋城に北条景広を送り込む。同じく佐竹氏や里見氏と連繋を深め、対北条の包囲網を築きはじめる。
			八月六日	越中へ出陣し、十八日に新庄に着陣。
			九月十八日	滝山城攻めを開始し、二十三日に攻略。
			十一月二十日	信長・家康との同盟が成り、信長は信玄と義絶することを誓う。
一五七三	天正元	四四	正月	長期在陣が不本意の謙信は加賀・越中の一向一揆と和睦し、椎名康胤からは許しを請われたので認める。
			三月七日	足利義昭と信長が義絶、同月十九日信長は謙信に条目を送り、連繋を強める。
			四月	魚津城の普請を指示する。
			四月十二日	信玄が死去。
			五月	越中で武田氏に呼応した松倉城主椎名康胤が蜂起したため、これに対処する。
			七月二十三日	北条勢が上野石倉城に押し寄せたため、顕景（景勝）を派遣する。
			八月	越中へ進軍。

一五七四	天正二	四五	十月	越中西部まで支配することになる。
			二月五日	沼田に着陣。
			三月	信長から洛中洛外図屏風を贈られる。
			三月十日	由良氏方の赤堀・善・山上・女渕ら各城を攻め落とし、桐生領の深沢城も攻撃、十三日には深沢の阿久沢氏が従属。
				その後、金山城攻めをはじめようとするも利根川の増水でうまく行かず、五月に帰国。
			八月初旬	関東に出陣。
			十一月二十日	下野只木山、二十二日に沼尻、二十三日に小山に陣を進める。
			閏十一月二十九日	厩橋に移る。同日謙信の味方である簗田氏の居城関宿城が落ちる。
			十二月十九日	高野山無量光院の宝幢寺清胤を師として出家し、四度の法会灌頂を行い、法印大和尚となる。
一五七五	天正三	四六	正月十一日	養子の長尾顕景を上杉景勝と改名させ、自身の官途弾正少弼を譲る。
			二月十六日	越後諸侍の軍役帳を作成。
			四月二十四日	多聞天に願文を捧げ、北条氏政一類の退治を祈る。
			五月二十一日	信長・家康連合軍が武田勝頼を三河設楽原で破る（長篠合戦）。
			九月八日	御覧田城を攻略され、沼田衆が三百人ほどが討ち取られたことをうけ、関東に出陣。
			十一月頃	帰国。
			十二月頃	謙信と信長の同盟が事実上解消となる。
一五七六	天正四	四七		義昭の幕府再興の知らせを受け、五月中旬頃本願寺と講和。
			六月	信長との断交が決定。
			九月初め	越中平定となる。
			十二月	能登への侵攻を開始する。
一五七七	天正五	四八	五月中旬	関東に侵攻するもすぐに帰国。
			九月一五日	能登七尾城を攻略。同月十七日末森城を攻略。
			同月二十三日	進軍してきていた織田軍を手取川で破る。
			同月二十六日	七尾城の普請を始める。
			十二月	春日山に戻る。
一五七八	天正六	四九	正月十九日	関東へ出陣するとの陣触れをする。
			三月九日	虫気により倒れ、十三日に死去。

【著者略歴】

石渡洋平（いしわた・ようへい）

1986年千葉県山武市生まれ。

駒澤大学大学院修士課程修了。

千葉県文書館県史・古文書課嘱託を経て、現在、戎光祥出版株式会社勤務。

論文・分担執筆に、「戦国期下総一宮香取社をめぐる地域権力—下総千葉氏を中心に—」（佐藤博信編『中世房総と東国社会』、岩田書院、2012年）、大石泰史編『全国国衆ガイド〝地元の殿様たち〟』（星海社、2015年、担当下総国・上総国・安房国）、「北条氏規」（黒田基樹・浅倉直美編『北条氏康の子供たち』、宮帯出版社、2015年）、「戦国期上総国における国衆の成立と展開—山室氏を中心に—」（『駒沢史学』第86号、2016年）、「安房里見氏と常陸鹿島神宮」（佐藤博信編『中世東国の社会と文化』、岩田書院、2016年）など。

シリーズ・実像に迫る 014
上杉謙信《うえすぎけんしん》

2017年12月20日初版初刷発行

著　者　石渡洋平
発行者　伊藤光祥
発行所　戎光祥出版株式会社
〒102-0083 東京都千代田区麹町1-7 相互半蔵門ビル8F
TEL：03-5275-3361（代表）　FAX：03-5275-3365
http://www.ebisukosyo.co.jp
編集協力　株式会社イズシエ・コーポレーション
印刷･製本　日経印刷株式会社
装　　丁　堀　立明

ISBN：978-4-86403-271-1